Georg Minde-Pouet

Heinrich von Kleist

Seine Sprache und sein Stil

Georg Minde-Pouet

Heinrich von Kleist
Seine Sprache und sein Stil

ISBN/EAN: 9783743666535

Hergestellt in Europa, USA, Kanada, Australien, Japan

Cover: Foto ©Thomas Meinert / pixelio.de

Weitere Bücher finden Sie auf **www.hansebooks.com**

HEINRICH VON KLEIST.
SEINE SPRACHE UND SEIN STIL.

ERSTER TEIL:
DRAMATISCHER STIL.

INAUGURAL-DISSERTATION

ZUR

ERLANGUNG DER DOCTORWÜRDE

VON DER

PHILOSOPHISCHEN FACULTÄT

DER

FRIEDRICH-WILHELMS-UNIVERSITÄT ZU BERLIN

GENEHMIGT UND NEBST DEN BEIGEFÜGTEN THESEN ÖFFENTLICH
ZU VERTEIDIGEN

AM 4. JANUAR 1896

VON

GEORG MINDE-POUET

AUS BERLIN.

OPPONENTEN: HERR EDUARD HOFFMANN, CAND. PROB.
             „ FRIEDRICH VON DER LEYEN, DR. PHIL.
             „ MAX OSBORN, DR. PHIL.

WEIMAR.
VERLAG VON EMIL FELBER.
1896.

Vorliegende Dissertation bringt, mit Genehmigung der Fakultät, nur den ersten Teil einer grösseren im vergangenen Sommer eingereichten Arbeit. Dieselbe wird vollständig im Verlage von Emil Felber in Weimar erscheinen.

Meiner Mutter

in Liebe und Dankbarkeit.

Vorwort.

Heinrich von Kleist schreibt am 25. April 1811 an Fouqué: „... die Erscheinung, die am meisten bei der Betrachtung eines Kunstwerks rührt, ist, dünkt mich, nicht das Werk selbst, sondern die Eigenthümlichkeit des Geistes, der es hervorbrachte, und der sich, in unbewusster Freiheit und Lieblichkeit, darin entfaltet." — Wir müssen mit Kleist einen langen und vertrauten Umgang gehabt haben, ehe das Geheimnis seines Geistes sich vor uns entschleiert, und wir eine Einsicht in die Grösse und Fülle seines Talentes, seines Wesens erhalten. Haben wir aber erkannt, wie sein innerstes Wesen beschaffen ist, wissen wir, was ihm gemäss ist und was ihm widerstrebt, so müssten wir uns, nach Kleists eigner Ansicht, damit zufrieden geben. Indessen, wir beruhigen uns nicht bei dieser Erkenntnis. Ist uns das Bild des Dichters, der Geist, der seine Werke geschaffen hat, lebendig geworden, haben wir die innere Technik seiner Werke studiert, dann verlangt die philologische Kritik auch ein Studium der äusseren Technik, ein Studium der Sprache. Und diese Sprache Kleists lernen wir leichter kennen, als den Geist, der sie schuf. Erich Schmidt hat sie also charakterisiert: „Alles, was er geschaffen, sagt uns sofort: ich bin Kleistisch. Niemand ist so sehr Eigentümer seiner Werke als er, und wer, litterarhistorische Würdigungen in einer Stoffanalyse suchend, fragt: woher hat der Dichter dies? wem dankt er das? — der wird bei dieser schroffen Originalität verhältnismässig wenig Beschäftigung finden. Sein Stil ist ganz sein und auch dem Stumpfsinnigsten sofort kenntlich."

Diese Auffälligkeiten im Stile Heinrichs von Kleist haben bereits die ersten Kritiker seiner Werke empfunden und lobend oder tadelnd hervorgehoben. Stilbeobachtungen finden sich sodann fast in jeder grösseren Abhandlung, die sich mit Kleist oder seinen Werken beschäftigt. Von Arbeiten, die lediglich dem Studium des Kleistschen Stiles gewidmet sind, wären nur zu nennen die ausgezeichnete Einleitung Rudolf Köpkes zu der Ausgabe von Kleists Politischen Schriften (Berlin 1862), die verdienstvolle Arbeit Reinhold Köhlers Zu Heinrich von Kleists Werken (Weimar 1862) und die Freiburger Habilitationsschrift von Richard Weissenfels über französische und antike Elemente im Stile Heinrich von Kleists (Braunschweig 1888; besonderer Abdruck aus Herrigs Archiv Bd. 80). Daneben haben wir noch eine Reihe zerstreuter, in Zeitschriften verzettelter, zum Teil recht oberflächlicher Notizen und Bemerkungen zu Kleists Stil. Alle diese Untersuchungen können ein genaues Bild von der Kleistschen Sprache nicht geben. Sie deuten meistens nur an und sind vor allen Dingen nicht erschöpfend. Um ein klares Bild vom Stile Kleists zu gewinnen, ist eine zusammenhängende, alle Eigentümlichkeiten und Absonderlichkeiten, alle Vorzüge und Schwächen der Sprache untersuchende Darstellung nötig, die auch dem Werdeprozess der Sprache gehörige Beachtung schenkt. Eine solche zusammenhängende Untersuchung zu geben, ist die Aufgabe, die ich mir im folgenden gestellt habe. Für diese Gesamtdarstellung bieten die Vorarbeiten, seien es auch oft nur kurze Notizen, ein schätzbares Material, das ich, falls es brauchbar war, mit Freuden für die betreffenden Teile meiner Arbeit verwertet habe. Wo ich schon von anderen besprochene Stileigenheiten noch einmal hervorhebe, da wolle man es mir anrechnen, dass meine Aufgabe war eine erschöpfende Stiluntersuchung zu geben. Selten nur habe ich auf ältere Arbeiten, meistens auf Weissenfels, verwiesen.

Ich habe mich bemüht nach strenger Rubricierung zu streben, konnte es aber bei der Fülle des Materials nicht immer verhindern, dass sich Kreuzungen der verschiedenen Gruppen vollzogen. —

Es ist mir eine liebe Pflicht, an dieser Stelle meinem hochverehrten Lehrer Herrn Professor Dr. Erich Schmidt für die vielseitige wissenschaftliche Förderung, die ich von ihm erfahren habe, und für die freundliche Unterstützung, die er mir auch für diese Arbeit hat zu teil werden lassen, meinen aufrichtigsten, ehrerbietigsten Dank auszusprechen.

Es ist mir bei der Arbeit klar geworden, dass meine schwache Kraft der schweren Aufgabe nicht immer gewachsen war. Dennoch habe ich die Untersuchung zu Ende geführt, weil mich ihr Gegenstand gefangen hielt. Aber ich muss dasselbe bekennen, was einst Kleist seinem Freunde Rühle von Lilienstern bekannte: Das, was ich mir vorgestellt hatte, finde ich schön, nicht das, was ich geleistet habe.

Inhaltsverzeichnis.

	Seite
Einleitung	
I. Kleists Stil im Vergleich zu dem der übrigen Romantiker	1
II. Kleist bei der Arbeit	3
A. Kleists dramatischer Stil.	
I. Wechsel zwischen Poesie und Prosa	10
II. Der Monolog	15
III. Der Dialog	23
IV. Der Blankvers	42
B. Kleists epischer Stil.	
I. Sachlichkeit	
II. Detailschilderung	
III. Objektivität	
a) Wie weit beschreibt der Dichter?	
b) Wie weit urteilt er?	
C. Die poetischen Kunstmittel der Kleistschen Sprache.	
I. Mischung von Schrecklichem und Lieblichem	
II. Volkstümliche Elemente in der Sprache	
III. Sonderheiten in der Konjugation	
a) Die reflexive Konstruktion	
b) Gebrauch der transitiven und intransitiven Verba	
IV. Gebrauch des Dativs	
V. Wortstellung	
VI. Anschaulichkeit und Prägnanz des Ausdrucks	
VII. Zusammengesetzte Adjektiva	
VIII. Sentenzen und Reflexionen	
IX. Rhetorische Figuren	
X. Tropen	

D. **Die Eigenheiten des Kleistschen Stiles.**
    I. Krasse Auswüchse in der Bildersprache
    II. Hyperbeln
    III. Zu starke und triviale Ausdrücke
    IV. Unpassende Wendungen im Munde gewisser Personen. Anachronismen
    V. Wortverschränkung
    VI. Satzverschränkung

E. **Wiederholungen im Stile Kleists.**
    I. Lieblingswörter
    II. Lieblingswendungen
    III. Wiederholungen in den Briefen
    IV. Briefliches und Poetisches
    V. Wiederkehr derselben Bilder

F. **Grammatisches.**
    I. Lautlehre
    II. Flexionslehre
        a) Deklination
        b) Konjugation
    III. Präpositionen
        a) Abweichende Konstruktion
        b) Auslassung des Artikels
    IV. Wortbildung
    V. Geschlecht der Substantiva
    VI. Verba mit ungewöhnlicher Konstruktion
    VII. Gebrauch des Simplex
    VIII. Der Wortschatz
        a) Nomina und Verba in ungewöhnlicher Bedeutung
        b) Seltene Worte
        c) Neubildungen
        d) Fremdwörter
    IX. Miscellen

Einleitung.

I. Kleists Stil im Vergleich zu dem der übrigen Romantiker.

Heinrich von Kleist ist der älteren Romantik nur mit Vorbehalt zuzurechnen. Er steht einsam. Vieles trennt ihn von den Romantikern. Hier kommt nur seine Stiltechnik in Betracht. Wie sehr unterscheidet sich diese von der der Romantiker! Die Romantik war ja bekanntlich darin eine Feindin der älteren Zeit, dass sie eine strenge Scheidung der verschiedenen Dichtungsgattungen mied und diese gern in eine Art von Urbrei zusammenrührte. Das hat zu schlimmen Grenzverwirrungen geführt. Von dieser Formlosigkeit ist Heinrich von Kleist weit entfernt. Er teilte nicht die Anschauung Achims von Arnim, dass das Genie ohne Regeln rein aus sich heraus dichten könne. Er, der jedes Theoretisieren verwarf, hat doch selbst gewissenhaft über die Gesetze des Dramas nachgedacht. So enthalten seine Aufsätze manche bisher noch immer übersehene Bemerkungen, welche für seine Beschäftigung mit der Kunsttheorie Zeugnis ablegen. Er war sich der Grenzen und Schranken der Gattungen wohl bewusst und zeigte, wie keiner seiner Zeit, das Verständnis einer strengen Kunstform. Nie ist er in einer Gattung zur anderen übergegangen. Im Gegensatz zu den Romantikern hat er seine Dramen frei gehalten von lyrischen Einlagen. Die Ausnahmen: Chor der Mädchen und Jünglinge und Barnabés Gesang in der „Familie Schroffenstein", Chor der Jungfrauen im 14. Auftritt der „Penthesilea", Lied der Thusnelda und der Bardengesang in der „Hermannsschlacht" sind so unbedeutend, dass sie nicht als Gegenbeweis gelten können. Wo bleiben die schwachen Versuche der Romantiker dem Altertum neues Leben einzuhauchen, wenn man sie neben die Verse der „Penthesilea" stellt? Wie sehr Kleist das kunterbunte Formspiel der Romantik verachtete, sagt er uns selbst in dem „Brief eines Dichters an einen anderen": „Wenn ich beim Dichten in meinen Busen fassen, meinen Gedanken ergreifen, und mit Händen, ohne weitere Zuthat, in den Deinigen legen könnte: so wäre, die Wahrheit zu gestehn, die ganze innere Forderung meiner Seele erfüllt. . . . Nur weil der Gedanke, um zu erscheinen, wie jene flüchtigen, undarstellbaren, chemischen Stoffe, mit etwas Gröberem, Körperlichem, verbunden sein muss; nur darum bediene ich mich, wenn ich mich Dir mitteilen will, und nur darum bedarfst Du, um mich zu verstehen, der Rede, Sprache, des Rhythmus, Wohlklangs u. s. w. und so reizend diese Dinge auch, in sofern sie den Geist einhüllen, sein mögen, so sind sie doch an und für sich, aus diesem höheren Gesichtspunkt betrachtet, nichts, als ein wahrer, obschon natürlicher und notwendiger Übelstand. . . . Diese Unempfindlichkeit gegen das Wesen und den Kern der Poesie, bei der bis zur Krankheit ausgebildeten Reizbarkeit für das Zufällige und die Form, klebt Deinem Gemüt überhaupt, meine ich, von der Schule an, aus welcher Du stammst; ohne Zweifel gegen die Absicht dieser Schule, welche selbst geistreicher war, als irgend eine, die je unter uns auftrat, obschon nicht ganz, bei dem paradoxen Mutwillen ihrer Lehrart, ohne ihre Schuld." Mit der Romantik hat Kleist nur einen Zug gemein: die Neigung sich selbst zu überfliegen. Hier reisst ihn die Strömung seiner Zeit mit sich fort. Schon Fouqué in dem „Gespräch über die Dichtergabe Heinrichs von Kleist"[1]) hat dies hervorgehoben, indem er sagt: „Heinrich Kleist erinnert mich oft an Vater Klopstocks Ode, wo ein Jüngling die nordische Grazie Nossa gegen seines Gefährten allzurasche Eislauf in Schutz nimmt"[2]), und dann in den Ausruf ausbricht: „O dass ein kunstverwandter Freund unsern Heinrich so hätte warnen dürfen!" Hierin war Kleist also Romantiker, und das soll die Kritik nie vergessen. Wer Kleists Werke richtig würdigen will, darf nicht, wie Lessing und Schiller thaten, eine eiserne Elle, sondern muss, wie die nachempfindenden Romantiker pflegten, eine Schmiege an des Dichters Leistungen anlegen.

II. Kleist bei der Arbeit.

Wenn wir, anstatt von den fertigen Werken auszugehen, uns diese vielmehr zum Ziele setzen und sie auf ihre Entstehung hin prüfen, können wir bei den in mehr als einer Fassung überlieferten beobachten, mit welcher Gewissenhaftigkeit Kleist immer wieder zu seinen Werken zurückkehrte, um an ihnen zu meisseln und zu feilen; wie Schiller seine Jugenddramen umarbeitete, dann aber freilich die Hand von ihnen abzog. Mit einem unermüdlichen Fleiss arbeitete Kleist an der Vervollkommnung seiner Dichtungen, die infolgedessen eine stete Umwandlung durchmachten und oft noch bei der Drucklegung hier Kürzungen, dort Erweiterungen erfuhren. Wir wissen durch Friedrich Dahlmann[3]) und auch durch Friedrich

---

[1]) Morgenblatt für gebildete Stände. 1816. 1. u. 2. März. Wieder abgedruckt in: Gefühle, Bilder und Ansichten. Sammlung kleiner prosaischer Schriften von Friedrich Baron de la Motte Fouqué. Leipzig 1819. I. 116 ff.
[2]) „Die Kunst Tialfs". Muncker-Pawel I. 215.
[3]) Heinrich von Kleists gesammelte Schriften ed. Jul. Schmidt. Berlin 1859. Einleitung p. XCV.

Laun.[1]) dass Kleist sich seine Dichtungen gern vorlesen liess, um so das Schlechte und Misslungene herauszufinden. Aber wir haben auch eigne Äusserungen des Dichters, welche die bittere Strenge gegen seine Schöpfungen bezeugen. So hatte er Wieland gegenüber von seinem „Robert Guiskard" gesagt: „Er habe zwar schon viele Scenen nach und nach aufgeschrieben, vernichte sie aber immer wieder, weil er sich selbst nichts zu Dank machen könne."[2]) Und so hat Brahm recht, wenn er Kleists Ringen mit dem „Robert Guiskard" nicht ein Ringen mit dem Stoffe, sondern ein Ringen um den Stil nennt.[3]) Aus Königsberg schreibt Kleist 1806 an Rühle: „Meine Vorstellung von meiner Fähigkeit ist nur noch der Schatten von jener ehemaligen in Dresden. Die Wahrheit ist, dass ich das, was ich mir vorstelle, schön finde, nicht das was ich leiste. Wäre ich zu etwas Anderem brauchbar, so würde ich es von Herzen gern ergreifen. Ich dichte blos, weil ich es nicht lassen kann.... Auch muss ich mich im Mechanischen verbessern, an Übung zunehmen, und in kurzer Zeit Besseres liefern lernen." Hierher gehören auch die Stil- und Denkübungen, die er mit seiner Braut anstellte, und von denen er am 30. Mai 1800 schreibt: „... Durch solche schriftlichen Auflösungen interessanter Aufgaben üben wir uns nicht nur in der Anwendung der Grammatik und im Stile, sondern auch in dem Gebrauch unsrer höheren Seelenkräfte."[4]) Aber besser als alle diese Belege lassen uns, wie gesagt, Kleists Werke selbst durch eine Betrachtung der verschiedenen

---

[1]) Friedrich Laun, Memoiren. Bunzlau 1837. II. 163.

[2]) Bülow. Heinrich von Kleists Leben und Briefe. Berlin 1848. S. 35.

[3]) O. Brahm, Heinrich von Kleist. Berlin 1885. S. 112.

[4]) Herr Prof. E. Schmidt hat den Druck dieser Briefe im Winter 1894 mit den im Besitz Alexander Meyer Cohns befindlichen Originalen verglichen und sehr zahlreiche Abweichungen festgestellt. Durch die mir gütigst gestattete Benutzung seines kollationierten Exemplars bin ich in der Lage die Zitate im Originaltext geben zu können.

Fassungen den Werdeprozess ihrer Sprache verfolgen. Sie zeigen ein fortgesetztes Ändern und Bessern. Mehrere Beispiele mögen dies erhärten, wobei allerdings von grammatischen Fehlern, die Kleist bei späterer Durchsicht seiner Manuskripte tilgte, und von jenen Kürzungen, die er fast in allen Stücken und stets zum Vorteil derselben vornahm, abgesehen werden soll.

Von seinen Gedichten mag uns das Sonett „An die Königin von Preussen", das drei ganz verschiedene Fassungen zeigt, verraten, welche Mühe Kleist auf die Form verwandte, bis er die knappste und prägnanteste fand. Für seine Dramen können wir ihn am besten in der „Familie Schroffenstein" und der „Penthesilea", die wir ebenfalls in drei Fassungen besitzen, bei der Arbeit belauschen. Wichtig für Kleists fleissiges Arbeiten sind die Randbemerkungen im Manuskript der „Familie Ghonorez", mit denen er sich selbst mahnen und seine besondere Aufmerksamkeit auf die betreffende Stelle heften wollte. Zu v. 97: Graf Rodrigo bemerkt er: „Dies darf Rodrigo nicht sein, er muss zum Ritter geschlagen werden." Als Rodrigo der Ignez seinen Namen nicht nennen will (II. 1), notiert er am Rande: „warum weigert Rodrigo?" Neben der Stelle, wo Antonio Juan verwundet hat und kurz darauf Alonzo auftritt (II. 3), finden wir: „Das hätte Antonio nicht thun sollen muss Alonzo bemerken." „Elmire muss edler dargestellt werden" lautet eine Notiz für das Gespräch zwischen Antonio und Elmire (III. 2). Wenn Elmire ihren Gatten bei jener ersten Nacht vor des Priesters Spruch beschwört (IV. 1), empfindet er dies als „zu sinnlich". Wenn Rodrigo die Barnabé über den Kindesfinger befragt (IV. 3), erwägt er: „Die Mutter muss ihm zu Füssen fallen und es gestehn." Die Figur der Ursula betreffen die beiden Notizen: „Man könnte eine Hexe aufführen, die wirklich das Schicksal gelenkt hätte" (IV. 3) und „Ursula muss zuletzt, ihr Kind suchend, als Schicksalsleiterin auftreten" (IV. 4). In der Umkleidescene zwischen Rodrigo und Ignez (V) überlegt er: „Es wäre wohl gut, wenn Rodrigos Absicht ganz unzweideutig erkannt würde."

Wie sorgsam Kleist mitunter an einer Stelle feilte, zeigt die Anrede Rodrigos an Antonio. Sie lautete ursprünglich (Ghon. v. 97 ff.):

> Bist Du's, Antonio?
> Willkommen, wie Du siehst sind wir geschäftig,
> Und kaum wird mir die Zeit noch bleiben, mir
> Die Rüstung anzupassen — Nun, was giebt's?

Die Worte von „Willkommen" an strich er; die blosse Frage: „Bist Du's, Antonio?" schien ihm jedoch zu barsch, er stellte den alten Wortlaut wieder her, erwog aber, wie aus der Randbemerkung: „Wenn Du nicht aus Gossa kommst" hervorgeht, ob er der Rede nicht doch einen herberen Anstrich geben sollte, liess schliesslich diesen Zusatz für den Druck wieder fallen, und wir lesen nun die Frage in ihrer ersten Fassung. — Elmire warnte ihren Gatten ursprünglich mit folgenden Worten vor blinder Wut (Ghon. v. 78 f.):

> Und dass die Wuth, die Feindeshaupt bestimmte,
> Wie Elephanten, sich zum Herren kehrt.

Der weithergeholte Vergleich missfiel ihm, er schrieb an den Rand: „Der Feind hat einen Freund in uns" und änderte:

> Und dass in seiner Brust noch, an der Wuth,
> Ein Freund des Feindes aufsteht wider ihn.

Im Druck endlich lautet die Stelle (Schroff. v. 77 f.):

> Und dass in seiner eignen Brust ein Freund
> Des Feindes aufsteht wider ihn, die Wuth. —

Die kleine Frage der Agnes v. 2416: „So wär' es wahr?" hat erst die Fassungen: „Wie? Ist's am Tag?" und „So ist's nun klar?" durchmachen müssen. — Ein gutes

Beispiel, wie Kleist sich bemühte, den treffendsten Ausdruck zu finden, bieten Ghon. v. 675 f.:

> Es ist umsonst — Ich muss mir Licht verschaffen
> Und sollt' ich's mir auch aus der Hölle holen.

Er suchte nach andern Metaphern und notierte am Rande: „Das Schicksal ist ein Taschenspieler — Sturm der Leidenschaft, Raub des Irrthums, Grimm — hat uns zum Narren", blieb aber doch im Druck bei der ersten Fassung.

Vielen Versen sieht man die Mühe nicht an, die der Dichter auf sie verwendet hat:

Krug 871 ff.:
> Glock zehn Uhr mocht' es etwa sein zu Nacht,
> Und warm um's Kinn ergossen sich die Lüfte...

dann:
> Glock zehn Uhr mocht' es etwa sein zu Nacht. —
> Und warm und wunderduftig hätschelte
> Der Januar dem Menschen um das Kinn. —

endlich:
> Glock zehn Uhr mocht' es etwa sein zu Nacht. —
> Und warm just diese Nacht des Januars
> Wie Mai, —

Penth. 1791: Sprich! Dünkt's Dich nicht, als ob sein Auge glänzte?
Phöbus: Ist's nicht, o sprich, als ob sein Auge glänzte?
Handschr.: Ist's nicht, als ob sein Auge glänzte? — Traum!
Penth. 2555: Hochheil'ge Mutter! Du scheinst ausser Dir.
Phöbus: Hochwürd'ge Priest'rin, Du bist ausser Dir.
Handschr.: Ehrwürd'ge, fasse Dich. — Du scheinst ausser Dir.

Oder:
Penth. 2575: Drum mit dem Strick, ihr Arestöchter, schleunig...
Phöbus: Drum mit dem Strick jetzt heimlich, Töchter Mars.
Handschr.: Drum mit dem hanfnen Strick, ihr Töchter Mars.

Nicht übergangen werden dürfen die aus ästhetischen Gründen vorgenommenen Besserungen. So änderte Kleist Ghon. 2034 ff.:

> — auf meinen Knien beschwöre
> Ich Dich, bei jener ersten Nacht, die ich
> Am Abend vor des Priesters Spruch dir schenkte,
> Bei unserm einz'gen Kind, bei unserm letzten,
> Das Deine Wuth in's Elend stürzt, und das
> Doch zu gebähren schwerer mir geworden,
> Als zu erzeugen Dir, o mache diesem
> Unseelig-bösen Zwist ein Ende....

bereits in der Handschrift, und wir lesen jetzt Schroff. 1982 ff.:

> — auf meinen Knien beschwöre
> Ich Dich, bei jener ersten Nacht, die ich
> Am Tage vor des Priesters Spruch Dir schenkte,
> Bei unserm einz'gen Kind, bei unserm letzten,
> Das Du hinopferst und das Du doch nicht
> Geboren hast, wie ich: o, mache diesem
> Unseelig-bösen Zwist ein Ende....

Ebenso strich er bereits in der Handschrift die widerwärtige Durchsuchung des Kessels nach dem Finger. Nach Ghon. 2247 folgte ursprünglich:

> Barnabé (kommt zurück). Was machst Du?
> R[odrigo]. Ich suche den Finger, gieb mir den Finger, ich bin Dir so gut, gieb mir den Finger.
> B. Der ist zerkocht, lieber Herr. Du findest kaum noch die Knochen.

Auch die hässliche Bemerkung Juans an der Leiche des Rodrigo: „Es riecht gut" hat er für den Druck weggelassen.

Die angeführten Beispiele, welche zu häufen sehr leicht wäre, mögen genügen, um zu beweisen, mit welcher Liebe und Sorgfalt Kleist immer wieder von neuem an eine Überarbeitung seiner Dichtungen ging. Der für die „Familie Schroffenstein" aufgebotene Fleiss ist aber von der Mitte des 4. Aktes ab nicht mehr zu spüren. Abgesehen von einigen wirklich poetischen Stellen ,sind Sprache und Ausdruck dürftig. Wir werden nicht geneigt sein zu glauben, dass Kleist auch bei längerer Arbeit an diesem Stücke eine tragische Lösung gefunden hätte, aber die Form wäre wohl sicher reifer geworden. Was ist der Grund, dass er aufhörte die Feile zu gebrauchen? Er hatte das Stück selbst aufgegeben.[1]) Sonst lässt nur noch ein Drama die Feile vermissen: „Die Hermannsschlacht." Auch hier ist der Grund ersichtlich: sie ist für den Augenblick geschrieben und man sieht ihr die Eile an. Oft würden unbedeutende Änderungen genügen, um viele Härten und Flüchtigkeiten des Stils zu entfernen. Leider können wir ja Kleists Arbeit an diesem Werke gar nicht verfolgen, da jedes handschriftliche Material fehlt, und wir sind einzig und allein auf die Redaktion angewiesen, die ihr Ludwig Tieck durch seinen ersten Druck in Kleists „Hinterlassenen Schriften" gegeben hat.[2])

Bei der grössten Anerkennung für des Dichters Fleiss und Sorgfalt können wir aber nicht leugnen, dass auch seine anderen Dichtungen noch reichliche Unebenheiten aufweisen, und dass es ihm trotz des eifrigsten Feilens und Meisselns nicht gelungen ist, alle Ecken und Kanten seines Stils abzuschleifen.[3])

---

[1]) Es ist unbegreiflich, wie Zolling (H. v. Kl. i. d. Schweiz S. 78) behaupten kann: „Wer ohne das Vorurteil, dass der fünfte Akt nicht von Kleist sei, an das Studium des Stückes geht, wird kaum einen Unterschied im Stile herausfinden."

[2]) Dass Tieck auch den Text der „Hermannsschlacht" geändert hat, ist bei der Art und Weise, wie er mit den anderen Werken Kleists verfuhr, als sicher anzunehmen, und es wäre interessant und nützlich, diesen Änderungen mittelst der Analogie nachzuspüren.

[3]) Ausführlicheres darüber bringt Hauptteil D.

A. H. von Kleists dramatischer Stil.

1. Wechsel zwischen Poesie und Prosa.

Wie Kleist in der echt dramatischen Gestaltungskraft, in der dramatischen Charakteristik, Shakespeare, „diesem herrlichen Dichter", vielleicht am nächsten steht, so hat er auch viel von ihm in der Behandlung der poetischen Sprache des Dramas gelernt. Hierher gehört die Unterbrechung des Blankverses durch Prosa. Nur zwei Werke Kleists kommen hier in Betracht: „Die Familie Ghonorez" und „Das Käthchen von Heilbronn". Es ist für das erstere möglich, für das letztere aber fast unmöglich, Regeln aufzustellen, die für den Wechsel zwischen Vers und Prosa massgebend gewesen sind. Es giebt Fälle, welche ein Prinzip verraten, aber dem stehen so viele andere Beispiele entgegen, dass sich ein festes, durchgehendes Gesetz nicht finden lässt.

Für die Anwendung der Prosa in der „Familie Ghonorez" ist der Grund ersichtlich: nach dem Vorbilde Shakespeares sprechen die niedrig stehenden Personen, der Kirchendiener, der Gärtner, der Knappe, die Diener, die Wanderer, Ursula und Barnabé, in ungebundener Rede, die höheren in Jamben, und zwar behalten diese im Gespräch mit jenen häufig den Vers bei, so dass in solchen Scenen Vers und Prosa sich ablösen. Von den höheren Personen sprechen Prosa nur der Grossvater und Juan, und dies auch nur im fünften Akt. Für Juan ist der Grund der, dass die unruhige, flackernde Sprache eines Wahnsinnigen nicht gut in poetisches Metrum gezwängt werden kann (vgl. die Sprache der wahnsinnigen Ophelia und auch die Gretchens). Fragt man, warum der Grossvater in Prosa redet, so führt uns die Beantwortung dieser Frage zu der Einschränkung des Shakespeareschen Prinzips, darin bestehend, dass höhere Personen im Gespräch mit untergeordneten sich ebenfalls häufig der Prosa bedienen können. Das beste Beispiel hierfür bietet der fünfte Akt, wo der Grossvater mit Juan in ungebundener Rede, mit Alonzo in Jamben spricht. Weitere Belege sind: das Gespräch zwischen Rodrigo und Barnabé (IV, 3), das in Prosa geführt wird, während der kurze Monolog Rodrigos in der Abwesenheit Barnabés wieder in Versen abgefasst ist, ebenso wie der Schluss der Scene, den Rodrigo — bis auf 1½ Verse der Barnabé — allein spricht. Ferner die Scene zwischen Santin und Barnabé (IV, 4); Santin spricht vor dem Auftreten Barnabés und auch wieder nach ihrem Abgehen mit Raimond in Jamben. Endlich wird im fünften Akt vom Auftreten der Ursula an, die hier den Mittelpunkt bildet, auch von Raimond und Elmire — bis auf die versöhnenden Worte Raimonds am Schluss — Prosa gesprochen.

Für das „Käthchen von Heilbronn" ist es, wie gesagt, viel schwerer, Gründe zu finden, weshalb Kleist die eine oder die andere Form des Dialogs gewählt hat. Schon ein Rezensent des ersten fragmentarischen Abdrucks im „Phöbus" schrieb: „Warum das erste bis zu Käthchens Eintritt in ehrlicher Prosa verhandelt ward, dann aber plötzlich bis ans Ende der vornehme Jambus sich hören lässt, ist nicht abzusehen, besonders da der zweite Akt, welchen ein in nicht geringer Geistesbewegung von dem Grafen vom Strahle gesprochener Monolog eröffnet, der den Vers eben deshalb recht gut vertrüge, ebenfalls wieder in die Prosa zurücksinkt."[1]) Dieser Monolog des Grafen,

---
[1]) Der Freimüthige, 11. Juni 1808.

ebenso wie der zweite im vierten Akt (IV. 2) und der des Kaisers (V. 2), vertrügen allerdings den Vers recht gut. Vielleicht wären sie sogar in poetischer Form weniger misslungen. Warum ist nur der dritte Monolog des Grafen (V. 6) in Jamben? Wir verstehen es freilich, dass dem Dichter für die häufig doch sehr rohe Sprache der Ritter die Prosa geeigneter erschien, als die Poesie; und da sämtliche Scenen, in denen Ritter allein auftreten, in Prosa abgefasst sind, muss hier eine Absicht vorliegen. Zu den Ritterscenen könnte man vielleicht auch die erste Scene vor dem Vehmgericht rechnen und damit die Prosa rechtfertigen. Wenn dann mit dem Auftreten Käthchens in der zweiten Scene die Prosa sich zur Poesie erhebt, so erscheint mir dieser Wechsel weniger unbegreiflich als jenem Rezensenten. Ähnlich setzt im zweiten Akt nach den ersten sieben Prosascenen, welche, mit Ausnahme der Monologscene des Grafen, Ritterscenen sind, bei dem Auftreten der Kunigunde in der achten Scene der Vers ein. Aus gleichen Gründen wird im vierten Akt nach dem prosaischen Monolog des Grafen das sich daran anschliessende Gespräch zwischen Wetter und Käthchen unter dem Hollunderstrauch in Jamben geführt. Wenn Brigitte den Traum des Grafen in der Sylvesternacht in Prosa erzählt, so lässt sich hier wieder Shakespearesches Prinzip erkennen; und wenn Kunigunde und Rosalie mit ihr ebenfalls in ungebundener Rede sprechen, so konnten wir dasselbe in der „Familie Ghonorez" beobachten. Dass die infolge des Burgbrandes sehr bewegten Scenen des dritten Aktes in Prosa geschrieben sind, liesse sich damit begründen, dass sich die Verse für das Durcheinander der Reden und Rufe, für die Sprache innerlich erregter Gemüter nicht eigneten. Aber wir wissen doch aus der „Penthesilea", dem „Zerbrochenen Krug" und der „Hermannsschlacht", dass Kleist den Vers für derartige Scenen meisterhaft zu handhaben wusste. Und warum schickten sich denn die Verse für die nicht minder bewegte Scene, in der uns das im höchsten Grade erschreckte Käthchen ihre Entdeckung in der Grotte mitteilt? Warum unterhalten sich Kunigunde und Rosalie einmal in Prosa und einmal in Versen? Warum genügte dem Dichter für eine so liebliche Scene, wie die, wo Theobald und Friedeborn das unglückliche Käthchen zum Kloster geleiten, die Prosa? Und warum schliesst das Stück nach neun hintereinanderfolgenden jambischen Scenen mit zwei Scenen in Prosa? All das sind Widersprüche, für die es keine Erklärung giebt. Kleist hat sich hier von der Willkür leiten lassen. —

Als Kleist das Manuskript der „Familie Ghonorez" für den Druck als „Familie Schroffenstein" vorbereitete, schrieb er auch die in Prosa gehaltenen Scenen der niederen Personen in Verse um. Eine Vergleichung dieser Stellen zeigt uns, wie wenig Sorgfalt Kleist auf die **Versifizierung der Prosascenen** verwendet hat. Ein neuer Beweis, dass der unermüdliche Feiler an dieser Arbeit keine Freude mehr gehabt hat. Die so entstandenen Verse sind meistens nur skandierte Prosa und lassen sich als solche sehr glatt lesen, während sie als Verse oft unlesbar sind. Wie oberflächlich Kleist verfuhr, zeigen zum Beispiel die Frage der Ursula: „Rührst Du den Kessel?" und Barnabés Antwort: „Ja doch, ja, mit beiden Händen, ich wollt', ich könnte die Füsse auch brauchen" (Ghon. 2156 ff.), woraus im Druck (Schroff. 2103 f.) ein Sechsfüssler und ein Blankvers mit drei Elisionen entstanden:

Ursula: Rührst Du den Kessel?
Barnabe: Ja doch, ja, mit beiden Händen:
    Ich wollt' ich könnt' die Füss' auch brauchen.

Rodrigos Frage: „Warum denn nur Du?" und Barnabés Antwort: „Was weiss ich? Weil ich eine Jungfrau bin." ergaben sogar einen Vers mit sieben Hebungen (Schroff. 2144):

Ottokar: Warum
    Denn just nur Du?
Barnabé: Was weiss ich? Weil ich eine Jungfrau bin.

Durch diesen rhythmischen Tonfall seiner Prosa [1]) hat sich Kleist verleiten lassen, ganze Zeilen mit oft nur einer einzigen unbedeutenden Änderung, ja bisweilen ohne jede Änderung in das Jambendrama hinüberzunehmen. Zum Beweis einige Beispiele:

G h o n. 183 ff.:
... einen Erbvertrag sag ich, kraft dessen nach dem gänzlichen Aussterben des einen Stammes das sämmtliche Besitzthum desselben an den andern Stamm fallen sollte.

S c h r o ff. 180 ff.:
... einen Erbvertrag. Kraft dessen nach dem gänzlichen Aussterben Des einen Stamms der gänzliche Besitzthum Desselben an den andern fallen sollte.

G h o n. 216 ff.:
Nun, weil doch alles Warten und Gedulden vergebens war, und die zwei Jünglinge wie die Pappeln blühten, so nahm er kurzweg die Axt, und fällte vor der Hand den Einen, den jüngsten, von neun Jahren, der hier im Sarge liegt.

S c h r o ff. 203 ff.:
Nun, Weil alles Warten und Gedulden doch Vergebens war, und die zwei Knaben wie Die Pappeln blühten, nahm er kurz die Axt Und fällte vor der Hand den einen hier. Den jüngsten, von neun Jahren, der im Sarg'.

G h o n. 240 ff.:
Herr, die hab' ich nicht genau gehört, ausser Eines. Denn es war ein Getümmel auf dem Markte, wo er gefoltert ward, dass man sein Brüllen kaum hören konnte.

S c h r o ff. 227 ff.:
Herr, Die hab' ich nicht genau gehöret, ausser eins: Denn ein Getümmel war auf unserm Markte, Wo er gefoltert ward, dass man sein Brüllen Kaum hören konnte.

G h o n. 1588 f.:
Herr, die Namen gingen auf keine Eselshaut. Es waren an die Tausend über Einen, alle Graf Alonzos Leute.

S c h r o ff. 1532 ff.:
Herr, die Namen gingen Auf keine Eselshaut. Es waren an Die hundert über einen, alle Graf Sylvesters Leute.

G h o n. 2211 f.:
Ja doch, ja, sei nur ruhig. Aber nun geh, lieber Herr. Die Mutter sagt, wenn ein Unreiner zusieht, taugt der Brei nichts.

S c h r o ff. 2149 ff.:
Ja doch, ja. Sei doch nur ruhig! Aber nun geb fort. Du lieber Herr! Denn meine Mutter sagt, Wenn ein Unreiner zusieht, taugt der Brei nicht.

G h o n. 2796 ff.:
Wein her! Lustig! Das ist ein Spass zum Todtlachen! Der Teufel hat ihnen im Schlaf die Gesichter mit Kohlen beschmiert, nun kennen sie sich wieder. Schurken! Bringt Wein! Wir wollen Eins drauf trinken.

S c h r o ff. 2720 ff.:
Bringt Wein her! Lustig! Wein! Das ist ein Spass zum Todtlachen! Wein! Der Teufel hatt' im Schlaf den beiden Mit Kohlen die Gesichter angeschmiert. Nun kennen sie sich wieder. Schurken! Wein! Wir wollen eins drauf trinken!

---

[1] Für den rhythmischen Tonfall seiner Prosa führe ich hier noch

Durch die Versifizierung ging an zwei Stellen ein realistischer Zug verloren. Wenn der Knappe Ghon. 567 ff. meldet: „Herr, es ist ein Ritter am Fallgitter. Er verlangt, dass man es aufziehe, und ihn hineinreiten lasse, mit Dir zu reden," so sagt er Schroff. 549 nur: „Es ist ein Ritter, Herr, am Thore". Während sich der Wandrer Ghon. 1580 f. mit den Worten vorstellt: „Gestrenger Herr, ich bin ein Fleischergeselle, Hans Franz Flanz von Namen," so begnügt er sich Schroff. 1528 mit einem: „Bin Hans Franz Flanz von Namen".

II. Der Monolog.

Mit Kleists Bestreben, im Drama nur Handlung zu geben, hängt es zusammen, dass er von dem Monolog einen sehr beschränkten Gebrauch macht. Er steht hier weder auf dem Standpunkt der Classiker noch auf dem Shakespeares, deren Einflüssen er sich doch sonst nirgends entzogen hat. Er hat den Monolog als undramatisch, die Handlung lähmend empfunden und daher gemieden.[1] Nach einem Kleistschen Ausspruch: „Ach, es giebt kein Mittel, sich Andern ganz verständlich zu machen, und der Mensch hat von Natur keinen andern Vertrauten als sich selbst."[2] sollte man viel Monologe bei ihm erwarten. Aber Kleist hegt die Anschauung, dass der Mensch überschwängliche Gefühle nicht auszusprechen vermag, sondern, wenn er sie hat, verstummt,

---

zwei Beispiele aus einem Brief an seine Braut vom 16. November 1800 an: „So fällt doch, dachte ich, immer ein Strahl von Glück auf unser Leben, und wer der Sonne selbst den Rücken kehrt und in die trübe Wetterwolke schaut, dem wirft ihr schönres Bild der Regenbogen zu". — „am Tage sehn wir wohl die schöne Erde, doch wenn es Nacht ist sehn wir in die Sterne."

[1] Der „Amphitryon" muss als Übersetzung eines Molièreschen Lustspiels hier unberücksichtigt bleiben.

[2] An Ulrike. 5. 11. 1801.

weil er keine Worte finden kann, die seinem Fühlen adäquat
wären. Und hier können wir an ein anderes Kleistsches
Wort erinnern: „Selbst das einzige, das wir besitzen, die
Sprache, taugt nicht dazu, sie kann die Seele nicht malen,
und was sie uns giebt, sind nur zerrissene Bruchstücke."[1])
So scheut er sich förmlich vor dem Monolog.

Wo hat nun Kleist Monologe, und welcher Natur sind
sie? „Der zerbrochne Krug", „Robert Guiskard" und „Penthesilea"[2]) weisen gar keinen Monolog auf. Für die übrigen
Dramen mag eine übersichtliche Tabelle folgen:

Familie Schroffenstein: II, 1 v. 684—713: Agnes.
       III, 1 v. 1296 -1301: Agnes.
       IV, 3 v. 2175- 2183: Ottokar.
       IV, 5 v. 2312—2333: Ottokar.
Käthchen v. Heilbronn: II, 1 S. 34,8—36,15: Graf Wetter.
       IV, 2 S. 96,36- -97.31: Graf Wetter.
       V, 2 S. 117.25--118,22: Der Kaiser.
       V, 6 S. 121,3--12: Graf Wetter.
Hermannsschlacht: IV, 8 v. 1658- 1667: Hermann.
       V, 7 v. 2038—2041: Varus.
       V, 17 v. 2356- 2366: Ventidius.
       V, 21 v. 2466—2483: Varus.
Prinz von Homburg: I, 4 v. 87—91: Hohenzollern.
       I, 6 v. 356—366: Homburg.
       IV, 3 v. 1287—1297: Homburg.
       V, 2 v. 1413— 1425: Kurfürst.
       V, 10 v. 1831—1840: Homburg.

Diese Tabelle zeigt sofort den auffallenden Umstand,
dass, mit Ausnahme der zwei Monologe der Agnes, von

[1]) An Ulrike. 5. II. 1801. Vgl. „Xenien 1796". Weimar 1893
S. 194.

[2]) Im Finale der „Penthesilea" grenzt allerdings manches nahe an
Monolog. Die Königin spricht zwar vor anderen, aber doch mehr zu
sich selbst. Indessen kommt es hier nur auf wirkliche Monologe ohne
Zuhörer an.

denen der erste noch dazu, wie gleich gezeigt werden soll, kaum als Monolog zu betrachten ist und der zweite bloss 5 Verse umfasst, nur Männer monologisieren. Weder der Kunigunde — vom Käthchen erwarten wir keinen Monolog —, noch der Thusnelda, noch der Natalie hat der Dichter einen Monolog in den Mund gelegt. Weiter ist zu beobachten, dass alle Monologe von höheren Personen gesprochen werden, die untergeordneten also, im Gegensatz zu Lessings und Schillers Dramen, ganz ohne Monolog geblieben sind.

Sodann fällt auf, dass Kleist sich in seinen Monologen einer auffallenden Kürze befleissigt hat. Auszunehmen sind nur die beiden prosaischen Monologe des Grafen Wetter vom Strahl, in denen sich ein übervolles Herz Luft macht. Hier gilt der Satz „l'idée vient en parlant", den Kleist in dem Aufsatz „Ueber die allmähliche Verfertigung der Gedanken beim Reden" so überzeugend entwickelt hat. Und dass gerade diese Monologe dem Dichter so wenig gelungen sind, ist eine Folge ihrer Ausdehnung. Aber nach diesen wurde Kleist wieder sehr sparsam. Von den neun Monologen der „Hermannsschlacht" und des „Prinzen von Homburg" umfasst der längste nur 18 Verse; es ist der des Varus im 5. Akt nach der Niederlage der Römer. Auf dieser Kürze beruht zum Teil die grossartige Wirkung der Monologe. Sie klingen nur an, sie tönen nicht aus. Der unvergleichliche Monolog Homburgs: „Das Leben nennt der Derwisch eine Reise" und des Kurfürsten: „Seltsam! — Wenn ich der Dey von Tunis wäre" können ihre Wirkung nie verfehlen. Und wo ist der Schauspieler zweiten Ranges, der sich an die kleine Rolle des Varus wagen darf, der den geknickten Stolz des Römerfeldherrn, seine Ahnung des hereinbrechenden Verderbens, sein Grauen vor den Schicksalsworten der Alraune in einem Monologe von vier Versen veranschaulichen könnte? so fragt H. v. Treitschke.

Aber nicht einmal alle diese kurzen Monologe können

als wirkliche Monologe bezeichnet werden. Diese sind ein Selbstgespräch und setzen keinen Zuhörer voraus. Ein Teil der Monologe erfüllt diese Bedingung nicht, wir können sie daher nur als Schein-Monologe bezeichnen. Es wird ihnen nämlich das Rein-Monologische dadurch genommen, dass noch andere Personen auf der Bühne sind, entweder mit oder ohne Wissen des Sprechenden. Wenn Agnes am Beginn des 2. Aktes der „Familie Schroffenstein" ihren Monolog spricht, weiss sie, dass sie von Ottokar belauscht wird, und redet daher mehr für ihn als für sich. Graf Wetter hält seinen Monolog im 4. Akt in Gegenwart des schlafenden Käthchens. Wenn Ventidius seinem brünstigen Sehnen nach Thusnelda in einem Monologe Luft macht, ist er nicht allein auf der Bühne; der Zuschauer weiss, dass Thusnelda und Gertrud auf der Lauer liegen. Der kurze Monolog Hohenzollerns besteht nur aus Zurufen an den sichtbaren schlafenden Prinzen. Auch Homburg monologisiert im 5. Akt im Beisein des Rittmeisters Stranz.

Das Rein-Monologische schwindet ferner dadurch, dass die Monologisierenden durch die Figur der Apostrophe etwas Fingiertes anreden, eine Person oder eine allegorische Figur. Der Monolog wird dadurch eine ideelle Unterhaltung mit einem gedachten Partner und streift schon an das Dialogische. Dies ist der Fall in beiden Monologen des Ottokar, der ja im ersten die Hoffnung („Wiege Mich, Hoffnung, einer Schaukel gleich . . .") und das Glück („Wie Gewaltig, Glück, klopft deine Ahndung an Die Brust...") anredet, im zweiten wiederholt nach Fintenring ruft und sich dann an die Geduld („So will Ich mich, Geduld, an Dir, Du Weibertugend, üben") wendet. Wetter vom Strahl ruft in seinem ersten Monologe fortgesetzt Käthchen, die grauen bärtigen Alten und seinen Ahnen Winfried an; im zweiten spricht er direkt zu dem eingeschlummerten Käthchen („Dort ist sie! — Wahrhaftig, wenn ich sie so daliegen sehe . . ."). Ebenso ruft Ventidius Thusnelda herbei („Thusnelda! Komm und lösche diese Glut"). Varus in seinem

2. Monologe wendet sich an Rom („Rom, wenn, gebläht von Glück, du mit drei Würfeln doch Nicht neunzehn Augen werfen wolltest!"). Homburg apostrophiert im ersten Monologe das Glück („Nun denn, auf deiner Kugel, Ungeheures"), im dritten Klopstockisch die Unsterblichkeit („Nun, o Unsterblichkeit, bist du ganz mein!"). Dieses Anrufen einer allegorischen Figur könnte uns an die allegorischen Scenen des 16. und 17. Jahrhunderts erinnern, wenn z. B. im „Verlornen Sohn" die Conscientia auf der Bühne erscheint und mit dem Verzweifelten spricht. Oder wir denken an Goethe, der gern im Geiste einen Freund zu sich rief und sich mit ihm unterhielt.

Wie schon aus den hervorgehobenen Eigenschaften dieser Monologe erhellt, fehlt ihnen etwas, das in den Monologen Shakespeares, Goethes, Schillers den Hauptkern bildet: **das psychologisch-raisonnierende Element** fehlt ihnen. In den Monologen Shakespeares ist die Ausmalung des Affektes die Hauptsache. Der Affizierte kaut an dem Brocken, der Affekt sucht sich zu erhalten durch Steigerung; er malt aus, was geschah, was er thun will; die Rede bellt den Moment von allen Seiten an, rennt voraus, kommt zurück, bellt wieder an, bleibt zurück, und eilt wieder nach (Otto Ludwig). Nichts davon bei Kleist. Das Psychologische vermissen wir hier ganz. Und seine Dramen boten doch so oft dazu Gelegenheit. Wie hätte Schiller z. B. in der „Hermannsschlacht" die Gelegenheit zu einem solchen Monolog ergriffen! Denken wir nur an seinen „Wilhelm Tell". Bei ihm hätte Hermann sicherlich in einem zündenden Monologe seinem Patriotismus Luft gemacht und uns seine geheimen Absichten offenbart. Welchen Gegensatz bietet ferner Homburgs Monolog im Kerker zu jener Riesenscene des Egmont! Wir können auch nirgends eine Identifizierung des Monologisierenden mit dem Dichter beobachten, was in so reichem Masse bei Schiller der Fall ist, dessen Helden geschmückte Reden aus dem Dichtermunde bringen. Und gerade von einem Dichter wie Kleist könnten wir es verstehen, wenn er seine gepresste Stimmung in seine Dichtung hätte ausströmen lassen, wie z. B. Leopardis Gedichte fast sämtlich Ausflüsse der trostlosen Weltanschauung eines Einsamen und Novalis' Hymnen echte Dichter-Monologe sind. Aber nein! Kleists Helden sprechen nicht mit sich selbst, sie beschränken sich in ihren knappen Monologen auf das Gegenständliche. Eine Ausnahme von dieser Objektivität bilden nur die beiden ersten Monologe des Grafen vom Strahl, der uns hier in langen Selbstgesprächen sein Inneres offenbart. Recht im Gegensatz zu diesen hyperbolischen Sätzen giebt uns der Kurfürst in seinem grossartig einfachen Selbstgespräch kaum den leisesten Aufschluss über seine Gedanken.

Statt solcher Schilderungen ihres Seelen- und Gemütszustandes geben uns Kleists Personen Thatsachen. Selbst Graf Wetter erzählt uns in dem zweiten Monologe sein Gespräch mit Gottschalk sehr ausführlich und verschweigt uns sogar nicht dessen Antwort. Ventidius berichtet, dass Gertrud ihm versprach, ihn in den Park zu führen. Varus verkündet uns im letzten Monolog seinen versuchten Selbstmord. Am naivsten gebraucht Kleist in dieser Weise den Monolog des Kaisers im „Käthchen". Dies ist eine direkte Rede ins Parterre in jener bequem orientierenden Art des Hans Sachs, eine Rede, in der er uns sein Geheimnis entdeckt. Der Monolog gleicht äusserlich denen der Marthe und des Valentin im „Faust," welche in derselben Hans-Sachsischen Technik abgefasst sind und dazu dienen, die Lage zu exponieren.

Die andern Monologe berichten nicht Thatsachen, sondern Entschlüsse, und zwar — das ist wesentlich — fertige Entschlüsse. Sie dienen nicht dem Folgenden zur Erklärung, wie etwa die eines Richard oder Jago oder Franz und Karl Moor, sondern sind die Wirkung des Geschehenen. Wir haben gesehen, welche Dinge auf die Helden gewirkt haben; der Monolog bringt nun die Rückwirkung, die Folge, den Entschluss. Aber wir erfahren nicht die einzelnen

Schritte der Überlegung, sondern nur das Resultat derselben. Also Überlegung nicht vor der That, sondern nach der That. Dass dies eine von Kleist wohl bedachte Technik ist, beweist seine kleine Abhandlung „Von der Überlegung", in der er sagt: „Die Überlegung findet ihren Zeitpunkt weit schicklicher nach, als vor der That. Wenn sie vorher, oder in dem Augenblick der Entscheidung selbst, ins Spiel tritt: so scheint sie nur die zum Handeln nöthige Kraft, die aus dem herrlichen Gefühl quillt, zu verwirren, zu hemmen und zu unterdrücken: dagegen sich nachher, wenn die Handlung abgethan ist, der Gebrauch von ihr machen lässt, zu welchem sie dem Menschen eigentlich gegeben ist, nämlich sich dessen, was in dem Verfahren fehlerhaft und gebrechlich war, bewusst zu werden, und das Gefühl für andere künftige Fälle zu reguliren." So giebt der kurze Monolog der Agnes den fertigen Entschluss, sich dem Vorhaben Ottokars nicht zu widersetzen, was es auch sei; von der Entstehung des Entschlusses hören wir nichts. Der Kurfürst kommt mit dem fertigen Entschluss auf die Bühne, Kottwitz mit seinen zwölf Schwadronen an einer seiner silberglänzenden Locken nach Arnstein zurückzuführen. Auch bei dem ersten und letzten Monologe Homburgs ist dies zu beobachten. Ein gutes Beispiel giebt Hermanns Monolog. Er, der während seiner geheimen Vorbereitungen zur Vernichtung der Römer jeden Einblick in sein Inneres verhindert, tritt nun, wenn die Stunde der Entscheidung naht, vor uns mit den Worten: „Nun wär' ich fertig..." Damit sich aber das Gefühl des Fertigen nicht sofort jedem aufdränge, und um den Eindruck zu vermeiden, als ob die Helden gleichsam mit der fertigen Rede in der Tasche die Bühne betreten, lässt Kleist sie anscheinend noch überlegend auf die Bühne kommen und mit einem hierfür sehr charakteristischen Anfange: „Nun", „Das", „Dies", „Nun denn" einsetzen. Agnes: „Nun ist's gut. Jetzt bin ich stark." Graf Wetter: „Nun, du allmächt'ger Himmel..." Hermann: „Nun wär' ich fertig..." Ventidius: „Dies ist der stille Park ..." Homburg: „Nun denn, auf deiner Kugel, Ungeheures ..." und „Nun, o Unsterblichkeit, bist du ganz mein!"

Aus dieser ganzen Behandlung des Monologs können wir ersehen, dass Kleist nicht, wie so viele andere Dichter, damit starke Theatereffekte erzielen wollte. Wenn sie dennoch diese grossartige Wirkung haben, verdanken sie das gerade ihrer ruhigen und mässigen Sprache. So lebendig auch immer der Quell poetischer Begeisterung aus des Dichters Seele hervorsprudelte, hier hat er in bestimmter Absicht jeden rhetorischen Aufputz ferngehalten.

Auch die Stellen, an denen Kleist seine Monologe angebracht hat, zeigen, dass diese nicht auf den Effekt berechnet sind. Kein Drama wird durch einen Monolog eröffnet, wie dies z. B. im „Philotas", in der „Emilia Galotti", im „Faust" der Fall ist. Keine Person führt sich mit einem Monolog ein, wie etwa „Götz". Überhaupt vermeidet der Dichter jede monologische Exposition. Dass ein Akt mit einem Monolog beginnt, begegnet nur ein einziges Mal: Graf Wetter monologisiert zu Beginn des zweiten Aktes. Agnes' Monolog am Beginn des zweiten Aktes ist kein Monolog. Ebenso geben Kleists Monologe keine Gelegenheit zu effektvollen Abgängen: der erste Monolog Homburgs ist überhaupt der einzige, der einen Akt beschliesst. Hervorheben möchte ich noch, dass die Monologe in der ersten Hälfte der Dramen äusserst spärlich auftreten und sich erst gegen das Ende hin mehren, also während der wachsenden Erregung und in der Krisis zunehmen. Von den 17 Monologen Kleists — die Schein-Monologe mitgerechnet — gehören nur 4 den ersten beiden Akten an. Mit Ausnahme des kleinen Monologs der Agnes fehlen sie im dritten Akt gänzlich. Die übrigen 12 Monologe begegnen im vierten und fünften Akt.

Wenn Otto Ludwig den Monolog „das eigentlich dramatisch Belebende, also das eigentlich Dramatische"[1] nennt,

---

[1] Gesammelte Schriften. Leipzig 1891. V. S. 534.

so müssten Kleists Dramen jeden Anspruch auf dramatische Lebendigkeit aufgeben. Und wenn Otto Ludwig meint, der Monolog „wird nur ein wahrer werden, wenn das Ganze des Stückes darauf abgesehen ist, d. h. wenn es sich zum Zwecke nimmt, den ethischen und psychologischen Inhalt oder Gehalt eines Ereignisses darzustellen, so dass dieser psychologisch dargestellte ethische Gehalt eben das Stück sein soll", so hat Kleist bekanntlich mit allen seinen Stücken denselben Zweck verfolgt, nur erreicht er ihn nicht mit Hilfe des Monologs, sondern mit Hilfe seines so meisterhaft gehandhabten Dialogs.

III. Der Dialog.

„Wenn die Geister des Aeschylus, Sophokles und Shakespeares sich vereinigten, eine Tragödie zu schaffen, sie würde das sein, was Kleists Tod Guiskards des Normannen, sofern das Ganze demjenigen entspräche, was er mich damals hören liess."[1] So lautet das bekannte Urteil Wielands über das hohe dramatische Talent Kleists. Wir wissen, mit welchem Ernst und Eifer Kleist darauf ausging, durch Verschmelzung des modernen Stils mit dem der Antike ein ideales Drama zu schaffen, und dass der „Robert Guiskard" ein Muster dieses neuen Stils werden sollte. Wir wissen aber auch, dass seine Arbeiten am „Robert Guiskard" ein ewiges Ringen um den Stil bedeuten, und dass er schliesslich einsah, dieser Aufgabe nicht gewachsen zu sein. „Thöricht wäre es wenigstens, wenn ich meine Kräfte länger an ein Werk setzen wollte, das, wie ich mich endlich überzeugen muss, für mich zu schwer ist. Ich trete vor Einem zurück, der noch nicht da ist, und beuge mich ein Jahrtausend im Voraus vor seinem Geiste." So schrieb er seiner Schwester am 5. Oktober 1803 und vernichtete das Werk.

---

[1] Bülow S. 36.

Kleist hat diesen Versuch nicht wieder erneuert. Nur in der „Penthesilea", die schon durch ihren Stoff eine Anlehnung an die Antike forderte, klingt noch etwas von seinem früheren Streben nach. Alle anderen Werke zeigen einen Stil, der sein Eigentum ist. Suchen wir hier nach Vorbildern, so müssen wir unsern Blick auf Shakespeare richten. Kleists schroffe Originalität liess ja tiefgehenden Einfluss nicht zu, aber dass er in der Behandlung seines dramatischen Dialogs unter dem Banne Shakespeares steht, wird niemand leugnen. Gleich diesem sieht Kleist in allen seinen Stücken mehr auf theatralischen Gehalt als auf Fabelinhalt. Ihm ist die Handlung Mittel zum Zweck; dieser Zweck heisst: Ausleben der Charaktere. Nicht die Handlung ist Hauptsache, sondern das dramatische Gespräch. Daher tritt überall die stets nur einfache Handlung in den Hintergrund, damit dem Handlungsdetail, den belebten Gesprächen, ein um so breiterer Raum zur wechselvollsten Entfaltung bleibe.

Diese Lebendigkeit des Kleistschen Dialogs tritt uns so recht vor die Augen, wenn wir gegensätzlich von dem klassizistischen Rededrama ausgehen. Hier herrschte die Konvention sich voll auszusprechen. Und in allen Dramen dieser Gattung finden wir daher breit ausladende Dialoge. Dies ist der Stil der holländischen, deutschen, französischen Tragödie des 17. und 18. Jahrhunderts. In der hellenischen Tragödie löst ein Sprecher den anderen ab. Die erschütterndsten Berichte über das tragische Schicksal eines Nächststehenden werden mit der grössten Ruhe angehört. Denken wir nur an die beliebten Botenberichte: der Bote bringt seinen doch immer sehr langatmigen, unglückverkündenden Bericht vor, ohne ein einziges Mal unterbrochen zu werden. Von den klassischen Dichtungen der Franzosen gibt Racines „Phèdre" ein treffliches Beispiel: die Tragödie ist eine grosse Rede vom Anfang bis zum Schluss. Goethe hat diese Technik in der „Iphigenie", im „Tasso" und in der „Natürlichen Tochter". Auch bei Schiller gilt dies Prinzip in der langen Erzählung des Hauptmanns vom Tode Max Piccolominis. Ist es aber natürlich, dass man Boten mit solchen Schreckensnachrichten anhört, ohne Fragen dazwischenzuwerfen? Ist es natürlich, dass zwei Leute, die sich in leidenschaftlicher Stimmung gegenüberstehen, in voll ausströmender Rede sprechen? Solche Technik konnte einem Kleist nicht behagen. Natürlichkeit, das ist es, was er erstrebt.

Daher geht er anhaltenden Erzählungen aus dem Wege. Eine Ausnahme macht vielleicht die lange Erzählung der Penthesilea von der Gründung des Amazonenstaates. Aber auch hier spricht Penthesilea nur stellenweise in längerer Rede, während Achill sie sonst mit Fragen und Ausrufen des Staunens lebhaft unterbricht, sei es auch oft nur mit einem „Nun?" oder „Nun? hierauf?" oder „Geliebte Königin!" Besser zeigen uns die Botenberichte, welche sich in der „Penthesilea" und im „Prinzen von Homburg" finden, dass Kleist lange Erzählungen verschmäht. Wie weit entfernen sich diese höchst lebendigen Botenberichte von dem gemessenen Ton, in dem die meisten Boten der griechischen Tragödie die Katastrophe melden! Welche Glut beseelt die Boten selbst! Sie sprechen, als erlebten sie erst jetzt, was sie berichten. Und jene wiederum, an welche die Meldung gerichtet ist, können nicht schnell genug erfahren, was sie hören sollen, und unterbrechen daher den Redner mit Fragen, oder sie sprechen seine Worte entsetzt nach und feuern ihn zur Eile an. In dem ersten Botenbericht der „Penthesilia" über den eben erfolgten Kampf mit den Amazonen bedient sich Kleist sogar, um Abwechselung zu geben, des äusserlichen Behelfs, dass Odysseus den Anfang, Diomedes das Ende des Kampfes berichtet. Sonst sind es, abgesehen von längeren Einwürfen, Ausrufe wie „Himmel!", „Ihr Himmlischen!", „Es ist entsetzlich!", „Ganz unerhört!", „Ganz wunderbar!", welche die Redner unterbrechen, oder Ausrufe wie „Weiter! Weiter!", „Nein, sprich!", welche die Redner anfeuern sollen, oder die Zuhörer fragen fortgesetzt:

„Was?", „Wie?", „Wo?", „Wann?", „Was sagst Du?" Diese Lebhaftigkeit fehlt nur dem Bericht der Meroe über den Tod des Achill: Meroe bringt ihren 70 Verse umfassenden Bericht vor, ohne ein einziges Mal unterbrochen zu werden: die lautlose Stille der Zuhörenden soll deren Erstarrung, deren Versteinerung zum Ausdruck bringen.

Auch darin, dass **Kleist die Scene mit einem schlagenden Wort zu eröffnen pflegt**, weicht er von der älteren Technik ab, die ja ab ovo begann. Er vermeidet es, dass seine Personen die Bühne betreten und ein Gespräch beginnen, das uns wie ein vorher überlegtes, bereits fertiges anmuten könnte. Die begeisterte Schilderung Max Piccolominis vom Frühling macht sehr leicht den Eindruck, als habe er sich vorbereitet und bringe nun ein vollendetes Redestück mit. Kleist sucht den Anschein zu erwecken, als führten seine Personen beim Aufgehen des Vorhangs oder bei ihrem Auftreten ein bereits im Gange befindliches Gespräch fort. Schroff. III, 2 beginnt mit Ruperts Frage: „Erschlagen, sagst Du?" — Schroff. IV, 5 wird mit der noch ausserhalb der Bühne gesprochenen Frage Ottokars: „Mein Vater hat's befohlen?" eröffnet. — Der fünfte Akt des Prinzen von Homburg setzt mit des Kurfürsten Frage ein: „Kottwitz? Mit den Dragonern der Prinzessin?"

Nicht nur jene Botenberichte, Kleists ganzer Dialog zeigt dies **Streben nach Lebhaftigkeit und Natürlichkeit der Rede**. Tiraden eines Max oder Melchthal sind bei ihm ganz undenkbar. Er will sachgemäss sprechen und lässt daher ungeheure Redeströme durch Zwischensätze im Reich des Menschlichen bleiben. „Robert Guiskard" und der „Prinz von Homburg" weisen einige würdevoll dahinschreitende, geschmückte Reden auf. Sonst gilt für ihn als Stilprinzip die ungezwungene Konversation des Lebens. Oder, wenn Leidenschaft seine Helden beseelt, so sprechen sie, nach dem Grundsatz, dass Leidenschaft keine Perioden baut, in hastiger, unruhiger Rede. Die Sätze sind kurz und reich an Aposiopesen. Kleist hatte hierfür, neben Shakespeare, einen zweiten Lehrmeister in Molière gefunden, dessen Mittel er im „Amphitryon" frei nachgeahmt und dann in allen übrigen Dramen geschickt verwendet hatte.

Nur selten können wir **Parallelismus in Rede und Gegenrede** beobachten. Beispiele bietet der „Amphitryon" v. 836 ff.:

>Amph.: Hat mich etwan ein Traum bei dir verkündet,
Alkmene? Hast du mich vielleicht im Schlaf
Empfangen, dass du wähnst, du habest mir
Die Forderung der Liebe schon entrichtet?
Alk.: Hat dir ein böser Dämon des Gedächtniss
Geraubt, Amphitryon? Hat dir vielleicht
Ein Gott den heitern Sinn verwirrt, dass du
Die keusche Liebe deiner Gattin, höhnend,
Von allem Sittlichen entkleiden willst?
Amph.: Was? mir wagst du zu sagen, dass ich gestern
Hier um die Dämm'rung eingeschlichen bin?
Dass ich dir scherzend auf den Nacken — Teufel!
Alk.: Was? mir wagst du zu leugnen, dass du gestern
Hier um die Dämm'rung eingeschlichen bist?
Dass du dir jede Freiheit hast erlaubt,
Die dem Gemahl mag zustehn über mich?
Amph.: — Du scherzest. Lass zum Ernst uns wiederkehren,
Denn nicht an seinem Platz ist dieser Scherz.
Alk.: Du scherzest. Lass zum Ernst uns wiederkehren,
Denn roh ist und empfindlich dieser Scherz.[1]

Oder v. 1005 ff.:

>Sos.: Herr, soll ich etwan — ?
Amph.: Schweig, ich will nichts wissen.
Du bleibst, und harrst auf diesem Platze mein.
Char.: Befehlt ihr, Fürstin?
Alkm.: Schweig, ich will nichts wissen.
Verfolg mich nicht, ich will ganz einsam sein. —

Viel häufiger bedient sich Kleist eines anderen, sehr wirksamen Mittels, um grösstmöglichste Bewegung in den Dialog zu bringen: die Worte des einen werden vom andern

---

[1] Bei Molière ist dieser Parallelismus bei weitem nicht so ausgeprägt.

wiederholt, witzig ins Gegenteil verdreht, aufgefangen, wieder zurückgeworfen, so dass sie wie ein Schlagball zwischen zwei Personen hin- und herfliegen: der eine lässt den andern nicht ausreden, sondern fängt ihm, ja reisst ihm oft das Wort vom Munde weg. Das Wiederholen der Worte geschieht hier aus Erstaunen oder Schrecken, dort aus Spott. Oder die Leidenschaft, die das richtige Wort nicht finden kann und unbefriedigt herumtastet, hat schliesslich an einem Wort nicht genug, sondern wiederholt sich. Oder das Wiederholen hat den Zweck, einen Eindruck zu verstärken. Die Gründe für dieses so häufig begegnende Wiederholen der Worte sind so mannigfaltig, dass sie nicht aufgezählt werden können, sie müssen empfunden werden. Wenn Abälard dem Volke mitteilt, dass Guiskard sich krank fühlt, und die Furcht, er könne die Pest haben, für nicht unbegründet hält, ruft v. 331 ff.:

Eine Stimme: Ihr Himmelsschaaren, ihr geflügelten,
    So steht uns bei!
Eine andere: Verloren ist das Volk!
Eine dritte: Verloren ohne Guiskard rettungslos!
Eine vierte: Verloren rettungslos;
Eine fünfte: Errettungslos,
    In diesem meerumgebnen Griechenland!

Hier ist Schrecken der Grund. — Wenn der Myrmidonier meldet, dass Penthesilea bei ihrer Verfolgung des Achill gestürzt ist, ruft v. 430

Hauptm.: Ha! Stürzen, Freunde?
Doloper: Stürzen —
Myrm.:   Stürzen, Hauptmann ...

Hier ist freudiger Schreck der Grund. — Ähnlich, wenn Golz meldet, dass Graf Truchss dem Hennings zu Hilfe kommt, v. 444:

Golz: Das ist der Truchss!
Homb.:   Der Truchss?
Kottw.:   Der Truchss, er, ja. —

Oder wenn Charis das Zeichen auf dem Gürtel als ein J erkennt, v. 1120:

   Charis: Hier steht ein J.
   Alkm.:   Ein J?
   Charis: Ein J.

Dieses nochmalige Bestätigen des Gefragten ist überhaupt hierfür charakteristisch. Adam möchte dem Bedienten des Gerichtsrats eine Meldung auftragen, v. 178 f.:

   Adam: Der Richter Adam lässt sich
        Entschuldigen.
   Licht: Entschuldigen!
   Adam: Entschuld'gen.

Oder v. 1927:

   Walter: Der Brief ist falsch!
   Eve: Falsch?
   Walter: Falsch, so wahr ich lebe!

Um grösstes Erstaunen zu malen, gebraucht Kleist dies Mittel der Wiederholung mit besonderer Vorliebe:

   Penth.: v. 1375 ff.: Den Ida will ich auf den Ossa wälzen,
        Und auf die Spitze ruhig bloss mich stellen.
   Oberpriest.: Den Ida wälzen? —
   Meroe: Wälzen auf den Ossa? —

Oder Hermannsschlacht v. 212 ff.:

   Hermann: Und wenn er [Varus] noch darauf besteht,
        So nehm ich ihn in meinen Gränzen auf.
   Thuisk.: Du nimmst ihn — was?
   Dagob.:   In deines Landes Gränze? —
   Selgar: Wenn Varus drauf besteht, du nimmst ihn auf?

Um das Verbrechen, dessen Sylvester angeklagt wird, recht schroff zu bezeichnen, hören wir das Wort „Mord" dreimal hintereinander, v. 582 ff.:

   Aldöbern: Mich schickt mein Herr, Graf Rupert Schroffenstein,
        Dir wegen des an seinem Sohne Peter
        Verübten Mords den Frieden aufzukünden.
   Sylvester: Mord?
   Aldöbern: Mord.

Aufs äusserste gespannte Erwartung, die den kommenden Worten ängstlich entgegensieht, wiederholt ebenfalls, Amphitryon v. 964 ff.:

> Alkm.: Ja, in den Mund dir legte. Nun — hierauf —
> Warum so finster, Freund?
> Amph.: Hierauf jetzt —
> Alkm.: Standen
> Wir von der Tafel auf; und nun —
> Amph.: Und nun?
> Alkm.: Nachdem wir von der Tafel aufgestanden —
> Amph.: Nachdem ihr von der Tafel aufgestanden —
> Alkm.: So gingen —
> Amph.: Ginget —
> Alkm.: Gingen wir — — nun ja!
> Warum steigt solche Röth' in's Antlitz dir?[1]

Sehr gut beobachtet ist es, wenn sich Alkmene die spitzfindigen Fragen Jupiters erst noch einmal wiederholt, bevor sie dieselben beantwortet, v. 1541 f.:

> Jupiter: Wenn ich nun dieser Gott dir wär' —?
> Alkmene: Wenn du —
> Wie ist mir denn! Wenn du mir dieser Gott wärst —

Oder v. 1555 f.:

> Jupiter: Doch wie, wenn sich Amphitryon jetzt zeigte?
> Alkm.: Wenn sich Amphitryon mir — ach, du quälst mich.

Oder v. 1562 ff.:

> Jupiter: Wenn ich, der Gott, dich hier umschlungen hielte,
> Und jetzo dein Amphitryon sich zeigte,
> Wie würd' dein Herz sich wohl erklären?
> Alkm.: Wenn du, der Gott, mich hier umschlungen hieltest,
> Und jetzo sich Amphitryon mir zeigte . . . . .[2]

Von diesen kunstmässig stilisierten Wiederholungen sind jene zu unterscheiden, mit denen Kleist sehr glücklich

---

[1] Molière hat natürlich nichts davon.
[2] Auch hiervon nichts bei Molière; diese ganze Scene (II, 5) ist ja überhaupt Kleists Eigentum.

die Sprache der gewöhnlichen Leute nachzuahmen verstanden hat. Hierfür liefert der „Zerbrochne Krug" gute Beispiele:

v. 753:
> Marthe: Was find' ich jetzt, Herr Richter, was jetzt find' ich?

v. 781 f.:
> Eve: Was schwor ich euch? Was hab' ich euch geschworen?
> Nichts schwor ich, nichts euch —

v. 1354 ff.:
> Veit: Warum verschwiegst du, dass du mit der Dirne
> Glock halb auf eilf im Garten schon scharwenzt?
> Warum verschwiegst du's?

v. 1366 ff.:
> Veit: Warum hast du eingepackt?
> He? Warum hast du gestern Abend eingepackt?
>
> Brigitte: Find' ich im Schnee, ihr Herrn, euch eine Spur —
> Was find' ich für eine Spur im Schnee?

v. 884 ff.:
> Ruprecht: Da sagt' ich: Vater, hört er? Lass er mich.
> Wir schwatzen noch am Fenster was zusammen.
> Na, sagt er, lauf; bleibst du auch draussen? sagt er.
> Ja, meiner Seel, sag' ich, das ist geschworen.
> Na, sagt er, lauf, um eilfe bist du hier.

Im „Amphitryon" schreit Charis wütend den Sosias an, v. 1030 f.:
> Was nennst du über nichts? was nennst du nichts?
> Was nennst du über nichts? Unwürd'ger! was?

Die schnelle Folge von Frage und Antwort erzeugt häufig Missverständnisse, und der Sinn wird nun erst, durch das Zausen an einem und demselben Worte, anstatt sich zu klären, immer dunkler. „Der Zerbrochne Krug" ist reich daran. v. 207 ff.:
> Der Bediente: Der Herr verstauchte sich die Hand ein wenig.
> Die Deichsel brach.
> Adam: Dass er den Hals gebrochen!

Licht: Die Hand verstaucht! Ei. Herr Gott! Kam der [Schmidt schon?
Der Bediente: Ja, für die Deichsel.
Licht: Was?
Adam: Ihr meint, der Doctor.
Licht: Was?
Der Bediente: Für die Deichsel?
Adam: Ach, was! Für die Hand.

Oder v. 215 ff.:

Adam: He, Liese! Was hast du da?
Magd: Braunschweiger Wurst, Herr Richter.
Adam: Das sind Pupillenacten.
Licht: Ich, verlegen!]
Adam: Die kommen wieder zur Registratur?
Magd: Die Würste?
Adam: Würste! Was! Der Einschlag hier.

Oder v. 253 ff.:

Licht: Drauf nimmt die Katze sie ins Maul —
Adam: Mein Seel —
Licht: Und trägt sie unters Bett und jungt darin.
Adam: Ins Maul? Nein —
Licht: Nicht? Wie sonst?
Adam: Die Katz'? Ach, was!
Licht: Nicht? Oder ihr vielleicht?
Adam: Ins Maul! Ich glaube —!

Diese Missverständnisse haben freilich den Fehler, sich zu lang hinzuziehen, und erscheinen dadurch gekünstelt.

Eine höhere Potenz dieser Missverständnisse sind die Wortspiele.[1]) Wir finden sie, ihrer Natur gemäss, nur im „Amphitryon" und im „Zerbrochnen Krug", in letzterem aber so häufig und mit so viel Glück zur Belebung des Dialogs verwendet, dass es uns Wunder nehmen muss, von

---

[1]) Auf diese Wortspiele im „Zerbr. Krug" ist zuerst hingewiesen worden in den „Dramaturgischen Blättern für Hamburg" hrsgeg. von F. G. Zimmermann. 1821. I. Nr. 7 u. 8 gelegentlich einer Aufführung des Lustspiels. Sodann von Siegen, H. von Kleist und der zerbrochene Krug. Sondershausen 1879. S. 65 ff.

Kleist im „Brief eines Dichters an einen anderen" mit Anspielung auf den 4. Akt von Shakespeares „Heinrich V." zu hören: „Was kümmert mich, auf den Schlachtfeldern von Azincourt, der Witz der Wortspiele, die darauf gewechselt werden." Wenn er trotzdem Shakespeare auch hierin folgte, so legte er in richtiger Erwägung seine Wortspiele stets Leuten niederen Standes in den Mund: denn jener anonyme Kritiker in den „Dramaturgischen Blättern" bemerkt ganz richtig, dass bei Personen, deren sonst kräftige Anlagen durch geregelten Unterricht nicht ausgebildet sind, sich die geistige Kraft am meisten durch burlesken Witz, durch Anspielungen und Wortanklänge regt.

Zerbrochner Krug v. 3 f.:

    Adam: Ja, seht. Zum Straucheln braucht's doch nichts, als Füsse.
        Auf diesem glatten Boden, ist ein Strauch hier?

v. 13 ff.:

    Adam: Hier bin ich hingefallen, sag' ich euch.
    Licht: Unbildlich: hingeschlagen?
    Adam: Ja, unbildlich.
        Es mag ein schlechtes Bild gewesen sein.

v. 415 ff.:

    Veit: Sei sie nur ruhig,
        Frau Marth'! Es wird sich alles hier entscheiden.
    Fr. Marthe: O ja. Entscheiden. Seht doch! Den Klugschwätzer!
        Den Krug mir, den zerbrochenen, entscheiden!
        Wer wird mir den geschiednen Krug entscheiden?
        Hier wird entschieden werden, dass geschieden
        Der Krug mir bleiben soll. Für so'n Schiedsurtheil
        Geb' ich noch die geschiednen Scherben nicht.

v. 423 ff.:

    Veit: Wenn sie sich Recht erstreiten kann, sie hört's,
    Ersetz' ich ihn.
    Fr. Marthe: Er mir den Krug ersetzen —
    Wenn ich mir Recht erstreiten kann, ersetzen!
    Setz' er den Krug mal hin, versuch' er's mal.
    Setz' er 'n mal hin auf das Gesims! Ersetzen!
    Den Krug, der kein Gebein zum Stehen hat,
    Zum Liegen oder Sitzen hat — ersetzen!

Amphitryon v. 152 f.:

Merkur: Von welchem Stand bist du?
Sosias: Von welchem Stande?
    Von einem auf zwei Füssen, wie ihr seht.[1]

v. 555 ff.:

Charis: Legt' ich dies reingewaschne Kleid nicht an?
    Und das, um ausgehunzt von dir zu werden!
Merkur: Ei was, ein reines Kleid! Wenn du das Kleid
    Ausziehen könntest, das dir von Natur ward,
    Liess' ich die schmutz'ge Schürze mir gefallen.[2]

Dem Molière nachgebildet ist das Spiel mit den Namen v. 2160 f.:

    Sosias: Und kurz ich bin entsosiatisirt,
        Wie man euch entamphitryonisirt.[3]

Einfacher ist das Spielen mit dem Namen Wetterstrahl im Käthchen S. 113, 10 ff.:

Der Kaiser: Graf Wetterstrahl, du hast auf einem Zuge,
    Der durch Heilbronn dich vor drei Monden führte,
    In einer Thörin Busen eingeschlagen:

und S. 124, 5 f.:

Rosalie: Der nächsten Sonne Strahl, was gilt's, begrüsst euch
    Als Gräfin Kunigunde Wetterstrahl!

---

[1] Vgl. Molière (I, 2):

Mercure: Quel est ton sort? dis-moi.
Sosie: D'être homme, et de parler.

[2] Das Scherzen mit Charis' äusserem und innerem Kleide fehlt bei Molière.

[3] Molière (III, 8): Et l'on me des-Sosie enfin
        Comme on vous des-Amphitryonne. —

Vgl. Plautus, Trinummus v. 977:
    Proin tute itidem ut charmidatu's rursum te decharmida,
was bei Lessing im „Schatz" folgendes Wortspiel ergab: „So geschwind Sie Sich anselmisirt haben, so geschwind werden Sie Sich auch wieder entanselmisiren müssen." — Bürgers Alinę „entalinte sich" (Sauer S. 415); vgl. S. 408 „entstaatsperückt, enthalskraust". — Miller, als Goethe vorgestellt, wird wieder „entgöthet" (an Voss).

Freilich hat sich Kleist auch in diesen Wortspielen, besonders im „Zerbrochnen Krug", zu übermässiger Breite verleiten lassen, so dass der Dialog an diesen Stellen nutzlos aufgehalten wird; indessen entschädigt uns die witzige Anwendung derselben dafür, und wir möchten sie wohl der komischen Wirkung halber nicht missen. [1])

Die grösste Beweglichkeit im Dialog erreicht Kleist durch seine unablässig unterbrochene Rede. Eine solche Unterbrechung geschieht oft nur durch eine Interjektion, die jemand zwischen die Worte eines anderen wirft. Hierher gehören auch die vielen Fälle, wo einer dem andern ins Wort fällt oder ihm das Wort abschneidet. Es ist ein förmliches Überstürzen und Überkollern der Worte, eins tritt dem andern auf die Hacken. Wir finden dieselbe Technik heute bei Gerhart Hauptmann. Die Beispiele für diesen verschwenderischen Gebrauch von Einwürfen und Interjektionen sind so unzählig und so leicht herauszufinden, dass eine Anführung derselben unnötig ist. Man braucht nur auf die zerhackten und zerrissenen Verse zu achten. Dass dieser Dialog, um zu wirken, das rascheste Tempo der Deklamation erfordert, liegt auf der Hand; eine Forderung, die besonders schwer zu erfüllen ist, wenn ein Vers unter drei, ja vier Personen verteilt ist. Kleist hat auch hier wieder ein grosses Geschick gezeigt, ist aber nicht selten an der Klippe der Übertreibung gescheitert: denn an einigen Stellen wirkt ein so dazwischengeworfenes „Wer?" oder „Was?" fast komisch, ja unsinnig.

---

[1]) Auch Fr. Ludw. Schmidt hatte an diesen Wortspielen grossen Gefallen gefunden, ja, er hätte gern noch mehr davon gehabt, und so änderte er bekanntlich in seiner Bearbeitung des „Zerbr. Krugs" den Schluss des Kleistschen Originals und schloss mit dem Wortspiel:
Walter: Doch seines Amts ist Adam jetzt entsetzt.
        Und ihr, Herr Licht, verwaltet seine Stelle.
Marthe: Kommt Licht in das Gericht, will ich mich trösten.
        Zerbricht dann jemals wieder Recht und Krug.
        So sieht man doch, wer beides uns zerschlug.

Zerbrochner Krug v. 575:

Adam: Wer seid ihr?
Marthe: Wer? —
Adam: Ihr.
Marthe: Wer ich —?
Adam: Wer ihr seid!

Penthesilea v. 503:

 Achilles (zu den Griechen, welche ihn verbinden):
   Die Narren.
 Griechenfürst: Wer?
 Achilles: Was neckt ihr?

v. 537:

 Achilles (sein Blick fällt auf die Pferde):
   Sie schwitzen.
 Antilochus: Wer?
 Automedon: Wie Blei.

Die Absicht, in der dies geschieht, ist freilich nur zu loben: denn, abgesehen von den Fällen, wo dies Mittel auch wieder zum Ausdruck des Erstaunens, der Überraschung dienen soll, zeigt es das Bestreben, den andern nicht nur zuhören, sondern ihn sich auch regen zu lassen, sei's selbst nur mit einem Wörtchen.

Im Streben weniger nach Lebendigkeit, als nach Natürlichkeit der Rede hat Kleist einen häufigen Gebrauch von der Aposiopese gemacht. Dieses Abbrechen der Sätze, das er von Lessing lernen konnte, wendet er an, um Besorgnis, Scheu, Zorn, Überraschung, überhaupt jede leidenschaftliche Stimmung, auszudrücken. Walter fürchtet einen Augenblick dem Adam mit seinem Verdacht unrecht gethan zu haben, weist diesen Gedanken aber sofort wieder ab:

v. 1581:

 Hm! Sollt' ich auch dem Manne wohl —

Dagoberts Worte (Hschl. 362):

 Nun denn, beim Styxfluss —

drücken den Ärger aus. Hermann lässt den Satz v. 520:

>   Ich glaub', beim Himmel.
> Die römische Tarantel hat —

aus Zartgefühl für sein Thuschen unvollendet.
Verhaltene Wut spiegelt Aristans abgebrochner Satz v. 2621:

> Wie, du Tyrann! du scheutest dich so wenig —?

Bezeichnend sind die Worte Homburgs, die er dem ihn gefangen nehmen wollenden Offizier zuruft, v. 490:

> — Den Mund noch öffnest —,

wo er in der Leidenschaft des Zorns das „Wenn du" am Anfang verschluckt hat. Eine Häufung solcher Aposiopesen enthält die „Penthesilea" an jener Stelle, wo die Königin sich an ihre grässliche That erinnert und sich nun scheut das Schreckliche auszusprechen:

v. 2956 ff.:

> Was? Ich? Ich hätt' ihn —? Unter meinen Hunden —
> Mit diesen kleinen Händen hätt' ich ihn —
> Und dieser kleine Mund hier, den die Liebe schwellt —
> Ach, zu ganz anderm Dienst gemacht, als ihn —
> Die hätten, lustig stets einander helfend,
> Mund jetzt und Hand, und Hand und wieder Mund —?

Besonders hervorzuheben sind die Fälle, wo Kleist die Worte sogar nur zur Hälfte aussprechen lässt. Ich wiederhole die schon von Brahm citierten Beispiele.

Amphitryon 194 f.:

> Sosias: Ich bin sein Diener.
> Merkur: Sein Die—?
> Sosias: Sein Diener.

Oder v. 196:

> Merkur: Dein Name ist?
> Sosias: Sosias.
> Merkur: So —?
> Sosias: Sosias.

Ein ähnliches Beispiel bietet die „Familie Schroffenstein", wenn Sylvester, aus seiner Ohnmacht erwacht, Jeronimus ruft und sich in diesem Augenblick des Geschehenen erinnert:

v. 874 ff.
>   Wovon seid ihr denn alle so besessen?
>   Gertrude, sprich. — Sprich du, Theistiner. — Seid
>   Ihr stumm. Theistin. Jero — — Jeronimus!
>   Ja so — ganz recht — nun weiss ich. —

Es würde nun zu weit führen und auch nutzlos sein, mit gleicher Ausführlichkeit alle dialogischen Figuren zu besprechen, die Kleist gebraucht, die aber nichts Charakteristisches für ihn haben, z. B. das Verfahren der Retardation, das alle Dichter anwenden. Darum seien nur noch solche Dialogformen hervorgehoben, welche Kleist besonders eigen sind. Da ist in erster Linie sein Verhör-Dialog zu nennen. Die Technik des Verhörs findet sich in vielen Stücken. In der „Familie Schroffenstein" verhört Jeronimus den Kirchenvogt, Rupert die Wandrer; im „Käthchen von Heilbronn" Wetter das Käthchen; am stärksten tritt diese Neigung im „Amphitryon" und im „Zerbrochnen Krug" hervor. Das Lustspiel legte ja, als eine Gerichtsverhandlung, diese Technik nahe. Aber wir finden dasselbe Ausfragen und Ausforschen in dem mit allen inquisitorischen Tüfteleien ausgestatteten Gespräch zwischen Amphitryon und Alkmene (II. 2) und später zwischen Jupiter und Alkmene (II. 5). Von andern Werken Kleists zeigt der „Katechismus der Deutschen" diesen Inquisitionsdialog. Sonst wären wohl nur gewisse Scenen des „König Ödipus" und der „Emilia Galotti" solchen Dialogen Kleists zu vergleichen.

Meisterhaft ist an einigen Stellen vom Dichter der polyphone Dialog geführt. Die Gedanken und Reden verschiedener Personen verfolgen ihre eigne Richtung, sie greifen nicht in einander, sondern laufen selbständig neben einander. Ein solches Durcheinandersprechen verschiedner Personen mit verschiednen Interessen ist natürlich vom stärksten dramatischen Leben. Der 10. Auftritt der „Penthesilea" ist hierfür ein ausgezeichnetes Beispiel: jede der sechs Amazonen spricht aus ihren eignen Gedanken heraus. Übertroffen wird diese Scene aber noch von der Parolescene im „Prinzen von Homburg" (I, 5). Hier laufen in der That drei völlig von einander getrennte Handlungen neben einander her, durchkreuzen und begegnen sich in einer schon nicht mehr kunstvoll, sondern gekünstelt zu nennenden Verschlingung, so dass es des aufmerksamsten Ohrenspitzens bedarf, um bei der Aufführung dieser Scene folgen zu können.

Hierher gehört auch ein anderer Fall: jemand ist so mit sich selbst beschäftigt, dass er von der Rede des andern nichts vernimmt, sondern seinen eignen Gedanken nachgeht und, wenn jener geendet hat, von ganz andern Dingen spricht, daher auch häufig irgend eine an ihn gerichtete Frage unbeantwortet lässt. Solche Unaufmerksamkeit des nicht Sprechenden finden wir in der „Familie Schroffenstein" III, 1. Während der langen Rede Ottokars, in der er Agnes vorhält, dass ihre Seele früher wie ein schönes Buch offen vor ihm gelegen habe, sie aber jetzt für ihn ein verschlossener Brief sei, denkt Agnes nur daran, dass er ihr etwas vertrauen wollte, und beginnt daher, nachdem er geendet:

> Du sagtest gestern,
> Du wolltest mir etwas vertraun.

Oder Thusnelda hat Hermann gebeten, sie fürderhin mit den Besuchen des Ventidius zu verschonen; Hermann scherzt mit ihr darüber und teilt ihr dann mit,

v. 649 ff.:
> Varus rückt
> Mit den Cohorten morgen bei mir ein.

Aber Thusnelda hat dafür keinen Sinn, sondern fährt fort:

> Armin, du hörst, ich wiederhol' es dir,
> Wenn irgend dir dein Weib was werth ist,
> So nöthigst du mich nicht, das Herz des Jünglings ferner
> Mit falschen Zärtlichkeiten zu entflammen.

Oder „Prinz von Homburg" v. 755 ff.: Kottwitz und Dörfling sind noch durch die Gefangennahme Homburgs so überrascht, dass sie auf die Frage des Kurfürsten, der das Gespräch absichtlich auf einen andern Gegenstand lenken will,

> Die Fahn' ist von der schwed'schen Leibwacht! Nicht?

nicht eingehen, sondern ausrufen:

> Kottwitz: Mein Kurfürst?
> Dörfling: Mein Gebieter?

so dass sich der Kurfürst selber antwortet:

> Allerdings,
> Und zwar aus König Gustav Adolphs Zeiten.

Etwas anderes ist es, wenn jemand absichtlich einen Einwurf überhört, wenn z. B. Hermann, der eben erklärt hat (v. 778 ff.):

> Und zahl' ihm [Marbod] den Tribut, Luitogar, den er
> Durch einen Herold jüngst mir abgefordert.

die Entgegnung Luitgars:

> Wie, mein erlauchter Herr! Hört' ich auch recht?
> Du unterwirfst — Ich bitte Dich, mein Vater!

unberücksichtigt lässt und fortfährt:

> Dagegen, hoff' ich, übernimmt nun er,
> Als Deutschlands Oberherrscher, die Verpflichtung . . .

Zu hinreissender Wirkung hat Kleist endlich die sogenannten **toten Momente**, d. h. absichtlich herbeigeführtes Stillschweigen, gebracht. Die Gefühle der Trauer oder der Wut werden verhalten, und es tritt eine gewitterschwüle, beängstigende Ruhe ein. Was kann einsilbiger sein als jene gewaltige zweite Scene des dritten Aktes der „Familie Schroffenstein" zwischen Rupert und Jeronimus! Man glaubt, die jeden Augenblick stockende Rede werde abgebrochen werden, aber sie wird wieder aufgenommen, um indessen schon nach wenigen Sätzen von neuem stille zu stehen. Es zeugt für ein meisterhaftes Können des jungen Dichters, wenn Rupert mit scheinbarer Kühle, während in seinem Innern die Flammen der Wut immer höher schlagen, den arglosen Jeronimus in neuen Hoffnungen sich wiegen und mit grösster Gelassenheit ihn dem Tod entgegenschreiten lässt. Und vollends der Schluss dieser Scene, wo Rupert eisig schweigt, während Eustache am Fenster mit hinreissender Steigerung die Ermordung des Jeronimus schildert — man sieht das — gehört zum Gewaltigsten in der Weltlitteratur (E. Schmidt). —

Blicken wir auf diese Dialog-Technik zurück, so erscheint es bewunderungswürdig, mit wie geringen Mitteln und in wie kleinem Raume oft, lediglich durch die plastische Kraft und Gewalt der Darstellung, Kleist die beabsichtigte Wirkung erreicht. Um so mehr ist es zu bedauern, dass er bei seinem Streben nach Natur und Kunst hier und da der Unnatur und Künstelei verfallen ist. Und wir verstehen es, wenn Clemens Brentano, wahrscheinlich mit Anspielung auf die durch Fragen und Ausrufe oft in übertriebener Weise unterbrochene Rede, an Achim von Arnim schrieb: „Was den Kleist besonders kurios macht, ist sein Rezept zum Dialog. Er denkt sich alle Personen halb taub und dämlich, so kömmt dann durch Fragen und Repetieren der Dialog heraus. Es dürfte ein Schauspieler nur einmal recht laut schreien, so käme gleich die grösste Unwahrheit ins Gespräch."[1]) Aber dieses harte Urteil, das dadurch ungerecht wird, dass es, anstatt eine Manier des Dialogs

---

[1]) R. Steig, Achim von Arnim und Clemens Brentano. Stuttgart 894. S. 344. 3. Febr. 1816.

zu tadeln, den ganzen Dialog bemängelt, soll diesen Teil nicht schliessen. Den Schluss bilde ein Wort von Friedrich Gentz, der 1808 an Adam Müller schrieb: „Was liegt denn daran, dass ein solcher Dichter ein paar falsche Griffe thue? er bleibt sich und seiner Nation gewiss." [1])

IV. Der Blankvers.

„Die äussere Ungeschliffenheit der Verse wegzuschaffen, hielt ich nicht für meinen Beruf ... Wäre der Verfasser nicht gegenwärtig im Schlosse Joux als Arrestant der Nachfolger Toussaints, so würde, was Sie Nachlässigkeit in der Sprache und im Versbau nennen mögen, wahrscheinlich daran nicht auszusetzen sein." [2]) So schrieb Adam Müller, als er den von ihm herausgegebenen „Amphitryon" an Friedrich Gentz schickte. Er kannte die Pflichten eines Herausgebers besser, als Ludwig Tieck, der in seiner Recension einer Aufführung des „Prinzen von Homburg", die im Jahre des Druckes (1821) stattfand, schrieb: „Manche Härten und Anstösse wären auch wohl ausgeglichen worden, wenn unser Freund Solger nicht gestorben wäre, der in der Korrektur dem Verse hie und da hätte nachhelfen können." [3])

---

[1]) Briefwechsel zwischen Friedrich Gentz und Adam Heinrich Müller. Stuttgart 1857. S. 147. 2. Juni 1808.
[2]) Ebd. S. 93 f. 9. Mai 1807.
[3]) Dramaturgische Blätter. Zum ersten Male vollständig gesammelt von Ludwig Tieck. Leipzig 1852. 1. S. 17. — Diese Äusserung ist ein neuer Grund die „Hermannsschlacht" auf die Änderungen Tiecks hin zu prüfen. — Damals blieb der „Homburg" vor diesen Besserungen bewahrt. Aber er kam in noch schlimmere Hände. R. Kade (Zschr. f. Dtsch. Unt. IV, 4 ff.) hat sich über das Stück wie über herrenloses Gut hergemacht und sich damit vergnügt, alle zu langen oder zu kurzen Verse durch willkürlichste Streichung oder Zufügung eines Wortes zu regelmässigen Fünffüsslern zu drechseln. Solch ein Herr wagt es aber, mit Anspielung auf obige Äusserung Tiecks zu sagen: „Glücklicherweise schonte Tieck Kleists hinterlassenes Werk mit gutem Anstand!"

Aber Adam Müller hat Kleist überschätzt, wenn er behauptet, diese Nachlässigkeiten in der Sprache und im Versbau wären nicht vorhanden, wenn Kleist selbst den Druck überwacht hätte; denn nicht nur der „Amphitryon", sondern sämtliche Dramen lassen in der Behandlung des dramatischen Jambus die sonst so gern und so glücklich gebrauchte Feile vermissen. Freilich zeigen die Textänderungen, dass er hier und da des Metrums halber gebessert hat, aber im allgemeinen hat er von den Freiheiten, die der Bau des Blankverses zulässt, einen überreichlichen Gebrauch gemacht. Was wir früher von seinem Fleiss gesagt haben, ist auf den Versbau nicht zu beziehen. In jenem schon öfters citierten Aufsatz „Brief eines Dichters an einen andern", welcher, wie die herausgehobenen Stellen (s. o. S. 2 und 33) beweisen, auf ein völliges Nichtachten der äusseren Form ausgeht, sagt er ganz offen: „Was liegt an Jamben, Reimen, Assonanzen und dergleichen Vorzügen, für welche Dein Ohr stets, als gäbe es gar keine andere, gespitzt ist?" Am unregelmässigsten ist der Bau der Verse in der „Hermannsschlacht". Die Eile, in der sie geschrieben, giebt den Grund dafür: er konnte es nicht erwarten, diesen Mahnruf den Deutschen ins Ohr zu donnern. Indessen bin ich weit davon entfernt, Kleists Verse wegen ihrer freien Behandlung unschön zu nennen. Mag auch die Sprache beim Deklamieren derselben hin und wieder straucheln, diese Verse werden wegen ihrer unvergleichlichen Lebendigkeit und auch vielleicht gerade wegen ihrer Unregelmässigkeit ihre volle Wirkung thun. Und was die Verse der „Hermannsschlacht" betrifft, so stimme ich Wilbrandt[1] bei, dass in dem Versbau zuweilen eine Absicht des Dichters zu suchen sei, den wilden Rhythmus dem Inhalt anzupassen. Die majestätischsten Verse, nebenbei auch die sorgfältigsten, hören wir im „Robert Guiskard"; die klangvollsten tönen uns aus der „Penthesilia" entgegen. —

---

[1] Wilbrandt, Heinrich von Kleist. Nördlingen 1863. S. 346.

Über die Verwendbarkeit des Blankverses für den „Zerbrochnen Krug" — um auch hierüber ein Wort zu sagen — äusserte sich zuerst der anonyme Kritiker einer Hamburger Aufführung des Lustspiels im Jahre 1821. Er schreibt: „Auch der Versbau ist von dem Dichter mit Einsicht und Geschicklichkeit behandelt. Das Ganze ist in fünffüssigen Jamben geschrieben, welchen Schiller für das höhere Drama die schönste Ausbildung gegeben hat. Dass der Jambus sich ganz besonders auch für die Satire eigene, lehrt das Entstehen der Versart bei den Griechen: Die scharfbeissenden Hechelgedichte des Archilochus und Hipponax, welche als die ersten Meister dieser Dichtart galten, waren und hiessen Jamben, Schlagverse, nach dem Wortsinn. Der Ernst des deutschen Fünffüsslers bildet zudem einen wirksamen Gegensatz zu der Derbheit und an Gemeinheit streifenden Niedrigkeit des Tones, und erhält die Ironie im schönsten Zuge."[1]) Auch in der Recension einer späteren Aufführung wird vom „herrlichen Rhythmus des Verses"[2]) gesprochen, und Ludwig Tieck sagt: „Die Sprache ist charakteristisch und sie sowohl wie die Jambe ist in diesem ächt niederländischen Gemälde so gebraucht, wie ich nach meiner Erfahrung glaube, dass es im Deutschen noch niemals geschehen sey."[3]) Im rechten Gegensatz dazu spricht Treitschke dem Blankvers die Wirkung ab: „Jedenfalls war es ein Missgriff im „Zerbrochnen Krug", dass er den dramatischen Jambus in solche Umgebungen brachte, wo er immer steif und ungelenk erscheint. Deutsche Reimpaare hätten dem Scherze Leben

---

[1]) Dramaturgische Blätter für Hamburg, ed. F. G. Zimmermann. 1821. I. S. 55. f. Diese Rezension ist schon einmal gelegentlich der Wortspiele (s. o. S. 32 Anm.) angeführt worden. Sie gilt einer Aufführung des „Zerbr. Krugs" in der Schmidtschen Bearbeitung am 4. II. 1821 in Hamburg und enthält treffende Bemerkungen. Sie wird noch einmal genannt werden.

[2]) Dramaturgische Blätter für Hamburg. 1822. III. S. 415.

[3]) H. von Kleists gesammelte Schriften ed. L. Tieck 1826. Einl. S. XLII.

und Flügel gegeben."¹) Es ist dies ziemlich der einzige Satz, den ich in dem sonst so trefflichen Aufsatz Treitschkes nicht verstehen kann. Der Jambus im „Zerbrochnen Krug" erscheint steif und ungelenk? Dem Scherze fehlen Leben und Flügel? Wohl mögen sich Jamben für ein derbes Lustspiel nicht eignen, aber die Jamben, in denen Kleist sein Lustspiel geschrieben, kann ich nimmer als Missgriff bezeichnen. Vor Kleist kenne ich nur zwei in fünffüssigen Jamben verfasste Lustspiele: „Die Brüder" von Joh. Heinr. Steffens nach dem Terenz und ein Fragment Cronegks „Der ehrliche Mann". Dies sind indessen nur nichtssagende Versuche, und so ist der „Zerbrochne Krug" wohl das erste bedeutende Lustspiel in fünffüssigen Jamben. —

Einfluss der Sprache auf den äusseren Bau des Verses.

In sämtlichen Dramen wird der Fünffüssler durch längere oder kürzere Verse unterbrochen.²) An verschiedenen Stellen würden sechs- oder vierfüssige Verse dadurch schwinden, dass ein sechsfüssiger und ein darauf folgender vierfüssiger Vers, oder umgekehrt, leicht zu regelmässigen Fünffüsslern gemacht werden könnten (Schroff. 2241 f., Penth. 2783 f., 2785 f., Hermannsschl. 73 f., 165 f., 168 f., Käthch. 126, 14 f.). Trotzdem kommen Sechsfüssler sehr zahlreich vor: in der Familie Schroffenstein 75,³) im

---

¹) Preussische Jahrbücher II. S. 613. 1858.
²) Es finden sich freilich Beispiele, wo Kleist sechsfüssige Verse zu fünffüssigen (Schroff. 278 cf. Ghon. 293. Schroff. 888 cf. Ghon. 916. Käthchen S. 20, 14 cf. Phöbus) und vierfüssige zu fünffüssigen (Schroff. 140 cf. Ghon. 138. Schroff. 342 cf. Ghon. 357) gemacht hat. Aber es fehlt auch nicht an Versverschlechterungen: Ghon. 186 wurde Schroff. 183 sechsfüssig. Ghon. 1221 wurde Schroff. 1183 vierfüssig. Aus Ghon. 61/62 wurden Schroff. 61/62 2 Verse, von denen der erste die schlechte Betonung Fólié hat und der zweite vierfüssig ist. Auch Krug 755 ist vierfüssig gegen Phöbus.
³) Für absolute Genauigkeit der Angaben bei grösseren Zahlen stehe ich nicht ein.

Amphitryon 75, im Zerbr. Krug 51 (im „Variant" 11), in der Penthesilea 35, im Prinzen von Homburg 19, im Käthchen 13 (Variant 2), im Guiskard 2; die Hermannsschlacht enthält allein im 1. Akt 59.

Nicht weniger häufig begegnen Vierfüssler: im Amphitryon 87, im Krug 51 (Variant 6), in den Schroffensteinern 40, im Käthchen 17 (Variant 1), im Homburg 12, in der Penthesilea 10, im Guiskard 0; die Hermannsschlacht hat allein im 1. Akt 106.

Daneben finden sich auch Tripodien, Dipodien und Monopodien in erheblicher Anzahl. Freilich müssen wir bei zu kurzen Versen prüfen, ob nicht die Absicht vorliegt, mit ihnen eine bestimmte Wirkung zu thun.[1]) Wo ich solche Absicht vermute, füge ich den Vers in Klammern bei. Tripodien: Schroffensteiner 14. Hermannsschlacht 8 (v. 1765: Doch, was ich sagen wollte — —). Amphitryon 3, Käthchen 2, Krug 1 (v. 1971: Hm! Weshalb? Ich weiss nicht —).

Dipodien: Schroffensteiner 7 (v. 159 ruft Jeronimus herzlich: Ottokar!). Hermannsschlacht 4 (Varus: Was also, sag' mir an, was hab' ich | Von jenem Hermann dort mir zu versehn? Ventidius: Quintilius! Das fass' ich in zwei Worten! Und nun v. 1252: Er ist ein Deutscher.). Amphitryon 2, Penthesilea 2, Homburg 2 (v. 271: Der Prinz von Homburg — Dörfling erwartet eine Antwort. v. 1626: Das nenn ich keck!), Krug 1, Käthchen 1 (78, 4: Das sind drei Kreuze. (Pause.)).

Endlich Monopodien: Schroffensteiner 6 (v. 158: Leb wohl! v. 585: Mord? v. 586: Mord! v. 751: Morden?). Amphitryon 3, Homburg 2 (v. 87: Arthur!). Penthesilea 1 (v. 3003: Euch nicht! — —). Hermannsschlacht 1.

Viel bedenklicher ist es, wenn sich Kleist Siebenfüssler erlaubt: Schroffensteiner 2, Krug 2 (Variant 1), Hermannsschlacht 2, Käthchen 1.

---

[1]) Vgl. Klopstock, der das Abbrechen des irdischen Daseins Christi mit dem abgebrochenen Hexameter nachahmt: „Und er neigte sein Haupt und starb."

Auch ein **achtfüssiges** Ungeheuer findet sich im Krug v. 1726:

Und Menschenfuss und Pferdefuss, und Menschenfuss und Pferdefuss.

Bisweilen nehmen die Sechsfüssler durch die halbierende Cäsur den Charakter des **Alexandriners** an. Sie sind natürlich nicht beabsichtigt, sondern dem Dichter entschlüpft. Im „Amphitryon" sind sie freilich öfters als durch die französische Vorlage veranlasst zu erklären. v. 93—96 stehn vier Alexandriner hintereinander:

Der wich. Dann stiess er auf die Bogenschützen dort;
Die zogen sich zurück. Jetzt dreist gemacht, rückt er
Den Schleud'rern auf den Leib; die räumten ihm das Feld,
Und als verwegen jetzt dem Hauptkorps er sich nahte…

Unter den zahllosen Sechsfüsslern der „Hermannsschlacht" begegnen verschiedene ganz korrekte Alexandriner (v. 206. 848. 1194. 1361. 2356. 2445).

Einfluss der Sprache auf den inneren Bau des Verses.

In Bezug auf die Verwendung von **Anapästen** gestattet sich Kleist alle Freiheiten. Sie begegnen in allen Füssen des Verses. Oft scheinen sie freilich nur auf mangelhafte Apostrophierung zurückzuführen zu sein, da ihnen an anderen Stellen ähnliche synkopierte Formen gegenüberstehen. Auch im Verseingang fehlt der Anapäst nicht (Käthchen 86. 23. 133, 21. 134, 16. Krug v. 1551. Hermannsschlacht v. 394. Homburg v. 406). Selbst Verse mit zwei Anapästen finden sich (Schroffensteiner v. 787. 1031. Guiskard v. 141. Käthchen 21, 14 ff. 59, 29. 86, 23 ff. Homburg v. 758). Durch den Anapäst erhält der ruhige Lauf des Jambus eine Störung, die an vielen Stellen sehr gut wirkt und besonders im lebendigen Dialog angebracht ist.

Einen ebenso reichlichen Gebrauch macht Kleist vom **Trochäus**. Äusserst gross ist die Zahl der trochäisch beginnenden Verse. Sie entstehen häufig dadurch, dass er

Eigennamen mit trochäischem Tonfall an den Anfang stellt, z. B. in der „Familie Schroffenstein" Agnes, Gertrud, Santing, Rupert; im „Zerbrochnen Krug" Eve, Evchen, Ruprecht, Nierstein; im „Käthchen" Käthchen, Gottschalk, Freiburg; in der „Hermannsschlacht" Hermann, Varus, Marbod, Hally, Teuthold, Crassus, Wodan, Thuschen; im „Homburg" Arthur, Friedrich, Kottwitz, Arnstein. Aber auch im Innern des Verses treffen wir den Trochäus an, dessen Arsis dann mit der Arsis des vorhergehenden Jambus zusammenstösst. Einige Verse müssen ganz trochäisch gelesen werden (Schroffensteiner 2366. 2517. 2606. 2694. Krug 1413. Hermannsschlacht 1591).

Mit Namen, die sich für den jambischen Rhythmus nicht eigneten, hat Kleist sich überhaupt nicht lange Mühe gegeben. Sie wurden gewaltsam in das Metrum gezwängt. Namen wie Fintenring und Ottokar zerstören durch falsche Betonung allzu oft den Blankvers der „Schroffensteiner" (vgl. v. 2357, 2365, 2558, 2653), ebenso die Namen Iphikon und Pfiffikon in der „Hermannsschlacht" (v. 1900).

Ein anderes Hemmnis für den Lauf der Verse sind die Interjektionen und Einwürfe; sie, wie jede andere Art von Stössen des Affekts, verursachen immer unregelmässiges Metrum.

Schroff. 1031:

    Agnes: Zu Hülfe! Zu Hülfe! . . . .

Krug v. 1371:

Ruprecht: Weil ich zum Regiment soll! Himmel-Donnerwetter —!

Amph. v. 1:

    Heda! wer schleicht da? Holla! — Wenn der Tag . . . .

Käthchen 73, 7 ff.:

Käthchen: Macht auf! macht auf! macht auf!
Gottschalk: Holla! — wer ruft?

86, 14 ff.:

Käthchen: Es ist der rechte Schlüssel nicht.
Graf: Tod und Teufel!

Homburg 430:

Kottwitz: Holla, ihr Herrn, holla! Sitzt auf, sitzt auf!

Auch durch das affektvolle Einfallen in eines anderen Rede entstehen rhythmische Störungen:

Schroff. 238:

Diener: War nicht
Graf Rupert hier?
Jeronimus: Suchst du ihn? Ich geh' mit dir.

Krug 170:

Adam: Was thu' ich jetzt? Was lass' ich?
Magd (tritt auf): Hier bin ich, Herr.

Käthchen 27, 2:

Wenzel: Herr Graf, man wird hier Mittel —
Graf: Ich sage, nein!

Die meisten Beispiele hierfür finden sich natürlich in der lebhaften Rede, wo die Personen sehr häufig in der Mitte des Verses zu sprechen beginnen. Viele Verse sind drei-, vier-, ja fünffach geteilt. Kleist unterscheidet sich hierin gewaltig von Goethe, der in seiner „Iphigenie" und im „Tasso" auch darin unter dem Einfluss der Antike steht, dass er seine Verse nicht zerreisst; es ist ein fliessender Vortrag, der wohl leidenschaftlich werden kann, dem aber meist der rechte Impetus fehlt. Unter solchen durch leidenschaftliches Sprechen gesprengten Versen Kleists sind trotzdem viele gute, korrekte Fünffüssler zu finden:

Krug 221:

Adam: Warum nicht?
Magd: Hm! Weil ihr —
Adam: Nun?
Magd: Gestern Abend —

Penthes. 3014:

   Prothoe: Du willst?
   Oberpriest.:   Du denkst —
   Penth.:   Was? Allerdings!
   Meroe: O Himmel!

Guiskard 487:

   Herzogin: Willst du —
   Robert: Begehrst du —
   Abälard: Fehlt dir —
   Herzogin: Gott im Himmel!

Käthchen 73, 13 ff.:

   Gottsch.: Wer?
   Stimme: Ich!
   Gottsch.:   Du?
   Stimme: Ja!
   Gottsch.:   Wer?
   Stimme: Ich!
   Graf: Die Stimme kenn' ich!

Hermannsschl. 972:

   Thusnelda: Sieh mich' mal an!
   Hermann: Nun?
   Thusnelda: Siehst du nichts?
   Hermann: Nein, Thuschen.

Bei dieser Freiheit, mit der Kleist seine Verse handhabt, darf es uns nicht Wunder nehmen, viele zu finden, die nur mit grosser Mühe und Zungengewandtheit skandiert werden können. Ganz unskandierbar aber sind:

Schroff. 1559 f.:

     Wandrer: Herr, das geschah früher.
     Rupert: Tretet ab — bleib du, Santing.

Amphitryon 2242:

     Alkmene: Du Ungeheuer, mir scheusslicher.

In drei Versen scheint das **Fehlen der Senkungen** zwischen zwei Hebungen eine Absicht des Dichters zu sein:

er will so das Schnappen nach Luft zum Ausdruck bringen:

Krug v. 963:
>Ruprecht: Jetzt hebt sich's wie ein Blutsturz mir. Luft!

v. 1958:
>Jetzt kommt er auf die Strasse. Seht! Seht!

Amphitryon v. 233:
>Merkur: Hund, sieh, so mach' ich kalt dich.
>Sosias: Lass! lass!

Die Cäsur ist vollständig willkürlich behandelt. Der Blankvers gestattet ja den freisten Wechsel der Cäsuren, sogar Cäsurlosigkeit. Daher ist denn auch bei Kleist die Cäsur an keine feste Stelle gebunden. Er folgt seinem Gefühl und sucht durch geschickt angebrachte Ruhepunkte das raschere oder langsamere Fortschreiten des Verses in Übereinstimmung mit dessen Inhalt zu bringen. Solche Cäsuren erhält er am häufigsten durch die antikisierende Wortstellung, und wir finden daher die schönsten im „Guiskard" und in der „Penthesilea". Appositionen geben gute Cäsuren:

Guiskard v. 27:
>Auch ihn ereilt, | den furchtlos Trotzenden . . .

v. 501:
>Jedoch dein Volk ist, | deiner Lenden Mark . . .

Oder nachgestellte Attribute:

Guiskard v. 94:
>Noth führt uns, | länger nicht erträgliche . . .

Penthes. v. 1482:
>Doch sei's der Glieder, | der verwundeten . . .

Eine ganz besondere Wirkung machen Doppelcäsuren, durch die der Vers in drei Teile geteilt wird; sie entstehen meist wieder durch Appositionen oder eingeschaltete Anreden und Zwischensätzchen. Diese Doppelcäsuren machen den Vers des „Guiskard" und der „Penthesilea" so unendlich klangvoll:

Guiskard v. 74:
> Den Vater mir, | den alten, | trefflichen . . .

Guiskard v. 507:
> Er sträubt, | und wieder, | mit unsäglicher . . .

Penthes. v. 93:
> Sie ruht, | sie selbst, | mit trunk'nem Blick schon wieder . . .

v. 284:
> Das Angesicht, | das funkelnde, | gekehrt . . .

v. 1686:
> Das Unglück, | sagt man, läutert die Gemüther.

v. 1768:
> Sie streichelt, | denk' ich, | seine rauhen Wangen . . .

Das Enjambement hat Kleist mit der grössten Freiheit verwendet. Der Blankvers zwingt ja durch seine Kürze die Rede in die folgende Versreihe überzuschlagen. Goethes Rede harmoniert am reinsten mit dem Versbau. Bei ihm ist in der „Iphigenie" und im „Tasso" am Schlusse der meisten Zeilen ein Atemholen möglich. Dadurch kommt aber die Sprache oft in Gefahr, an Leben und Schwung zu verlieren. Denken wir nur an die „Natürliche Tochter", wo Goethe seine saubersten Verse gebaut hat. Lessing war bekanntlich der erste, der das Experiment machte, dem Jambus, in Bezug auf Enjambement, Freiheit zu geben, und er benutzte diese Freiheit in seinem „Nathan" bis zum Extrem. Und ähnlich verfährt Kleist. Er trennt durch den Versausgang Worte, die nur im engsten Zusammenhang mit einander Bedeutung haben. Die fortstürmende Lebendigkeit seines Stils durchbricht unaufhörlich den metrischen Bau. Dadurch nähern sich seine Verse der Prosa, und der

Blankvers besteht mehr für das Auge, als für das Ohr. Beispiele für dies freie Enjambement zu bringen ist zwecklos; jede Seite giebt eine Fülle. Kleist trennt Subjekt und Prädikat, Attribut und Substantiv; Fürwörter und Konjunktionen beschliessen den Vers; er reisst selbst Präpositionen und Substantiv, ja sogar Artikel und Substantiv auseinander. Vor Wortbrechungen am Schlusse des Verses scheut er sich ebenfalls nicht. Wir finden in der „Familie Schroffenstein" v. 271: Hund-Geklaff; v. 614: Menschen-Verstand; v. 1866: an-Zuhören; v. 2110: Blut-Läppchen. Hierher möchte ich auch noch zwei Fälle in der „Penthesilea" rechnen, wo allerdings die Trennungsstriche fehlen: v. 425: vorbei Schiesst; v. 2787: hervor Stürzt.

Bei dieser Freiheit, mit der Kleist das Enjambement handhabt, ist es natürlich, dass er ausgedehnte Perioden baut. Er übertrifft hierin Schiller und Lessing. Seine Perioden erstrecken sich auf grosse Versmassen. Hier heisst es, das Atemholen sehr üben, um nicht falsch abzusetzen. Von solchen längeren Perioden wären zu verzeichnen: Krug 291 ff. Guiskard 210 ff. 146 ff. Amphitryon 1481 ff. 936 ff. Einzig in dieser Art ist wohl die ruhelose Periode in der „Familie Schroffenstein" v. 265 ff.:

Zum Vergleich ein Teil aus Eugeniens Monolog in Goethes „Natürlicher Tochter" (V. 6):

Sie kommen! tragen meine Habe fort,
Das letzte was von köstlichem Besitz
Mir übrig blieb. Wird es mir auch geraubt?
Man bringt's hinüber, und ich soll ihm nach.
Ein günst'ger Wind bewegt die Wimpel seewärts,
Bald werd' ich alle Segel schwellen sehn.
Die Flotte löset sich vom Hafen ab!
Und nun das Schiff, das mich Unsel'ge trägt.
Man kommt! Man fordert mich an Bord.
O Gott!
Ist denn der Himmel ehern über mir?
Dringt meine Jammerstimme nicht hindurch?

FünfWochen sind's—nein, morgen sind's fünf Wochen.
Als sein gesammt berittnes Jagdgefolge
Dein Vater in die Forsten führte. Gleich
Vom Platz, wie ein gekrümmtes Fischbein, flog
Das ganze Rossgewimmel ab ins Feld.
Mein Pferd, ein ungebändigt türkisches,
Von Hörnerklang und Peitschenknall und Hund-
Geklaff verwildert, eilt ein eilendes
Vorüber nach dem andern, streckt das Haupt
Vor deines Vaters Ross schon an der Spitze —
Gewaltig drück' ich in die Zügel; doch,

So sei's! Ich gehe! Doch mich soll das Schiff,
In seines Kerkers Räume, nicht verschlingen.
Das letzte Brett, das mich hinüber führt,
Soll meiner Freiheit erste Stufe werden.
Empfangt mich dann, ihr Wellen, fasst mich auf,
Und, festumschlingend, senket mich hinab,
In eures tiefen Friedens Grabesschooss.

Als hätt's ein Sporn getroffen, nun erst greift
Es aus, und aus dem Zuge, wie der Pfeil
Aus seinem Bogen, fliegt's dahin rechtsum
In einer Wildbahn reiss' ich es bergan;
Und weil ich meinen Blicken auf dem Fuss
Muss folgen, eh' ich, was ich sehe, wahr
Kann nehmen, stürz' ich, Ross und Reiter, schon
Hinab in einen Strom. —

Solche Perioden überschreiten sicher das Mass des Künstlerischen. Um so willkommner mag es sein, neben diesen abgehasteten Perioden auf verschiedene Reihen schöner Verse aufmerksam machen zu können, die wohl am Schluss jeder Zeile ein Anhalten gestatten. Z. B. Amphitryon 1323 ff.:

Jupiter: Und flöh'st du über ferne Länder hin,
Dem scheusslichen Geschlecht der Wüste zu,
Bis an den Strand des Meeres folgt' ich dir,
Ereilte dich, und küsste dich, und weinte,
Und höbe dich in Armen auf, und trüge
Dich im Triumph zu meinem Bett zurück.

Oder Homburg v. 1082 ff.:

Natalie: Zu deiner Füsse Staub, wie' mir gebührt,
Für Vetter Homburg dich um Gnade flehn!
Ich will ihn nicht für mich erhalten wissen —
Mein Herz begehrt sein und gesteht es dir;
Ich will ihn nicht für mich erhalten wissen —
Mag er sich welchem Weib' er will vermählen;
Ich will nur, dass er da sei, lieber Oheim,
Für sich, selbständig, frei und unabhängig.
Wie eine Blume, die mir wohlgefällt.
Dies fleh' ich dich, mein höchster Herr und Freund,
Und weiss, solch Flehen wirst du mir erhören.

Oder v. 1287 ff.:

Homburg: Das Leben nennt der Derwisch eine Reise,
Und eine kurze. Freilich! Von zwei Spannen
Diesseits der Erde nach zwei Spannen drunter.
Ich will auf halbem Weg mich niederlassen!

> Wer heut sein Haupt noch auf der Schulter trägt,
> Hängt es schon morgen zitternd auf den Leib,
> Und übermorgen liegt's bei seiner Ferse.
> Zwar, eine Sonne, sagt man, scheint dort auch,
> Und über buntre Felder noch als hier:
> Ich glaub's! Nur Schade, dass das Auge modert,
> Das diese Herrlichkeit erblicken soll.

Das sind tadellose, herrliche Verse! —

Der Versausgang bietet noch eine interessante Beobachtung, die bereits jener schon öfters erwähnte Recensent einer Hamburger Aufführung des „Zerbrochnen Krugs" hervorgehoben hatte. Wir finden nämlich im „Zerbr. Krug" und auch im „Amphitryon" einige Male den **Skazon** oder **Choliambus** dem Blankvers beigemischt. Der Choliambus unterscheidet sich dadurch von dem reinen Blankvers, dass statt des letzten jambischen Fusses ein Trochäus oder Spondeus eintritt, wodurch er einen hinkenden und komisch wirkenden Rhythmus erhält.[1]) Das Schema ist also folgendes:

$$\smile \stackrel{'}{-} \smile \stackrel{'}{-} \smile \stackrel{'}{-} \smile \stackrel{'}{-} \stackrel{'}{-} \smile,$$

d. h. Arsis des vorletzten und Arsis des letzten Fusses stossen zusammen.

Amphitryon v. 2107:

> Jetzt eure Augen auf, wie Maulwürfe

---

[1]) A. W. Schlegel hat dieses Silbenmass mit grosser Gewandtheit und gleichzeitiger Sinnanwendung nachgebildet. Werke II, 34:

Der Choliambe oder Skazon.

> Der Choliambe scheint ein Vers für Kunstrichter,
> Die immerfort voll Naseweisheit mitsprechen,
> Und eins nur wissen sollten, dass sie nichts wissen.
> Wo die Kritik hinkt, muss ja auch der Vers lahm sein.
> Wer sein Gemüth labt am Gesang der Nachteulen,
> Und wenn die Nachtigall beginnt, das Ohr zustopft,
> Dem sollte man's mit scharfer Dissonanz abhaun.

Vgl. auch Rückert: Ich hatt' ein Liebchen, das auf einem
Aug' schielte.

v. 2193:
> Reisst eure Augen auf, wie Maulwürfe!

Zerbr. Krug v. 606:
> Das lügt sie in den Hals hinein — Schweig, Maulaffe!

v. 917:
> So? Einer noch? Und wer, er Klugschwätzer?

v. 921:
> Was unterbrecht ihr ihn. Herr Dorfrichter?

v. 924:
> Doch müsst ihr wissen, dass der Flickschuster,

v. 932:
> Adam: War's eine Klinke?
> Ruprecht: Was?
> Adam: Ob's —
> Ruprecht: Ja, die Thürklinke.

Eine ähnliche Wirkung haben die Verse mit überzähliger langer Silbe, d. h. wenn im weiblichen Ausgange zwei schwere Worte oder ein Kompositum stehen. Der letzte Fuss erhält dadurch das Aussehen eines Bacchius ($\smile \perp \_$). Derartige Verse enthalten alle Dramen.

Schroffensteiner v. 73:
> In einem Erdenalter dort ein Ei legt.

Krug v. 119:
> Ei. Henker, seht! — Ein liederlicher Hund war's —

v. 980:
> Jetzt mit dem Stahl eins pfundschwer übern Detz ihm:

Amphitryon v. 1696:
> Verrückt ist sie, und morgen wenn der Tag graut,

Hermannsschlacht v. 1429:
> Wohin mit diesem Tross, jetzt da die Nacht kommt?

Oder Komposita im Ausgange:

Schroffensteiner v. 489:
> Mit Buchsbaum, eh' er einen Kohlstrunk ausreisst.

v. 1515:
> Die Frau ins Panzerhemd, mich in den Weibsrock.

v. 2122:
> Die ungelegten Eier aus dem Hechtsbauch?

Krug v. 25:
> Adam: Der Fuss! Was! Schwer! Warum?
> Licht: Der Klumpfuss?
> Adam: Klumpfuss!

v. 1520:
> Denn auf zwei Fuss steht von der Wand ein Weinstock.

v. 1590:
> Vorgestern schickt' er ihr ein krankes Perlhuhn

Hermannsschlacht v. 412:
> Freund, dir ist selbst bekannt, wie manchem bittern Drangsal

Jener Recensent und sodann Herr Siegen[1]) haben den Fehler begangen, auch diese Verse als Skazonten zu bezeichnen. Sie sind freilich ebenfalls hinkende, schleppende Verse zu nennen, aber nicht Skazonten im eigentlichen Sinne; denn das für diese charakteristische Zusammenstossen der beiden Arsen fehlt ihnen.

Einfluss des Metrums auf die Sprache.

Ein starker Behelf die Worte metrisch brauchbar zu machen, ist die Elision, und gerade dreisilbige Worte — dem Hexameter so lieb — fordern oft im Jambus zur Elision heraus. Für den „Zerbrochnen Krug" müssen die Elisionen ausgenommen werden, die als Vulgarismen der Sprache zu betrachten sind, z. B. v. 1160: „Ich will'n nach Utrecht tragen" u. a.; „Ev'" freilich ist zu unnatürlich und

---

[1]) Siegen, H. von Kleist und der Zerbrochene Krug. S. 85 f.

muss als Behelf-Elision gelten. Kleist apokopiert und synkopiert sehr reichlich, so dass man annehmen sollte, er fordere da, wo er nicht elidiert hat, die volle Aussprache. Demnach dürfte man z. B. dreisilbige Worte beim Deklamieren nicht zweisilbig verwenden. Dem stehen aber sehr viele Beispiele entgegen, die deutlich zeigen, dass Kleist sich auch da Apostrophierungen dachte, wo er sie nicht immer angedeutet hat. Es sind dies Fälle, wo die Elision eines Buchstabs genügen würde, um den Anapäst zu vermeiden und überhaupt gute Verse zu erhalten (Krug v. 933. 1092. Penthesilea v. 1031. 1362. 1448 u. a.) Für diese Annahme spricht auch der Umstand, dass frühere Lesarten hie und da Elisionen haben, die bei einer späteren Redaktion fortgefallen sind, doch sicher nicht, um dadurch schlechtere Verse zu bringen, sondern um das Äussere des Wortes nicht zu schädigen; denn Elisionen verletzen das Auge sehr häufig, ohne dem Ohre unangenehm zu sein. Sollte das Wort „Königin" in der „Penthesilea" wirklich immer dreisilbig zu sprechen sein? Daher bin ich der Ansicht, wir können mit dem Kleistschen Text in diesem Falle verfahren wie mit dem Goethischen; denn auch Goethe deutete nicht jede Elision an, mit der er rechnete. — Oft hat Kleist die Elisionen sehr weit getrieben:

Guiskard v. 430:

's ist der Red' nicht werth, sag' ich!

Krug v: 1130:

Adam: Schweig' er jetzt, Nas'weis, mucks' er nicht.
Marthe: Wer war's?

Auch die Elision des e zwischen zwei d- oder t-Lauten verletzt sehr. Das Härteste dieser Art sind indessen Elisionen wie: blüh'nd, blüh'ndsten, fleh'nd, Philipp'n, g'nug, Temp'l; oder gar: mäss'g', bewill'g', Unwürd'g', ew'g', bänd'g', händ'g', Nöth'g'. Bei diesen kühnen Elisionen erinnert man sich jenes Aufsatzes in den „Abendblättern", in dem Kleist vorschlägt, der Musik zu Gefallen, Aschenbrödel in „Aschenbröl" zusammenzuziehen.¹)

Trotz dieser zahllosen Elisionen ist der Hiatus nicht vermieden. Wir haben Fälle, wo Kleist ihn weggeschafft hat: er ging besonders dem Zusammenstoss gleicher Vokale aus dem Wege, aber im allgemeinen hat er gar kein Gewicht auf Vermeidung desselben gelegt. —

Versfüllsel sind nicht verschmäht, um den Jambus herbeizuführen. Als solche Behelfe dienen Wiederholungen von Worten, wie so oft im „Nathan":

Krug v. 1696:
> Ihn aber, ihn denunciirt man nicht.

v. 1886:
> Er soll, er, erst nach Utrecht appelliren?

Penthesilea v. 733:
> Ich will, ich, dir des Heeres Schweif beschirmen

Schroffensteiner 2266 ff.:
> Statt der Rosen
> Will er mit Ketten mich und Banden mich
> Umwinden —

Besonders sind doppelte Dative so zu erklären:

Amphitryon v. 961 f.:
> Du seist ein Gott, und was die Lust dir sonst,
> Die ausgelass'ne, in den Mund dir legte.

v. 999 f.:
> Ich rufe deinen Bruder mir, die Feldherrn,
> Das ganze Heer mir der Thebaner auf.

Penthesilea v. 154 f.:
> Als sie uns Augen, sie zu missen, Arme,
> Sie wieder zu befrein, uns übrig liess.

---

¹) Auch auf den Aufsatz „Die Kunst, den Weg des Glücks zu finden" mag hingewiesen werden, wo die durchgängige Apostrophierung des „es" auffällt, und zwar fehlt überall der Apostroph, so dass wir immer der Form „s" begegnen. Also: s lehrt, s geht, s sei, dass s u. a. Oder: wenns, kanns, musss, weisss, setztes, stündes, jemehrs, ders, würdes u. s. w.

Andere Behelfe sind Flickwörter wie: auch, man, just. traun. die überall aufstossen.

Aus Nachgiebigkeit gegen das Metrum sind auch ungewöhnliche Wortstellungen zu erklären. Stets kühn und überkühn, verwendet Kleist sie auch zu blossen Konzessionen an den Vers.

Schroffensteiner v. 2015:
> Ist noch der Graf zurück nicht vom Spaziergang?

Krug v. 1279:
> Was sagt zu der Erklärung sie, Frau Marthe?

v. 1360:
> Wenn aber sie's bezeugt — nimm dich in Acht!

v. 1392:
> Doch dann der Teufel soll den Hals ihm brechen.

Amph. v. 44:
> Die auch den Pfeil noch pfeifen nicht gehört.

Trotz den Freiheiten, die sich der Dichter mit dem Verse erlaubt, hat er doch oft zu Wortveränderungen — durch Einschieben eines e — ja Wortverstümmlungen seine Zuflucht nehmen müssen. Volle Formen wie: „gesteiniget", „beschwichtiget", „beschäftiget" waren der Zeit geläufig, „Wortesführer" hat er allein. Oder er synkopiert und zieht zusammen: „Ehstandsjahr". „Greulgott". „Siegsruhm". „Siegsfest", Todsurtheil", Herrschthron", „Richtstuhl".

Sehr willkürlich werden Doppelvokale behandelt, deren erster ein i ist. Einmal verlangt das Metrum, dass sie getrennt, also zweisilbig, ausgesprochen werden (i — e. i — a. i — o), ein anderes Mal, dass das i in der Aussprache zu j wird. „Ventidius", „Natalie", „Rosalie", „Oranien" werden hier viersilbig, dort dreisilbig verwendet. In der „Penthesilia" ist „Diana" ein gutes Beispiel hierfür. Selbst „Amphitryon" wird dreisilbig gebraucht. Auch in „Arsinoe", „Meroe". „Prothoe". „Tanais" werden die Vokalverbindungen oe und ai oft wie ein Laut angesehen. Der Name „Mariane" ist sogar innerhalb desselben Verses einmal dreisilbig und dann viersilbig zu sprechen. Käthchen S. 103, 20:

    Graf: Mariane, riefst du?
    Käthch.:   Mariane, rief ich!

Den Namen hat das Metrum überhaupt oft arge Gewalt angethan. Im „Käthchen" werden Friedrich oder Friederich, Katharina oder Kathrina, im „Krug" Lebrecht oder Leberecht, Margarethe oder Margrethe je nach Bedürfnis gebraucht. In der Penthesilea finden wir bald die Formen: „Atriden", „Peliden", „Nereidensohn", bald „Atreiden", „Peleiden", „Nereidensohn". „Jerome" zählt hier zwei-, dort dreisilbig, ebenso wie „Luitgar"; letzterer wird sogar, wenn es nötig ist, zu „Luitogar" erweitert.[1]

Nicht weniger leiden die Namen unter der Betonung. Es ist gezeigt worden, wie Eigennamen am Verseingange das Metrum beeinflussen. Stehen sie aber in der Mitte des Verses, so werden sie vom Vers, ganz besonders von der Betonung, vergewaltigt. Wie oft begegnen Betonungen wie Ottókar, Finténring, Rupért, Heílbronn etc. Komisch wirkt immer die unzählig oft aufstossende Betonung Áugust in der „Hermannsschlacht". Anderen Worten geht es nicht besser: Áltar, Entschluss, Áttest etc. Oder dreisilbige: Stiefmútter, unschúldig, Elénder, Missschicksal, Sandwüste, Dorfríchter, mitleídlos, treulóse etc. Auch krúmmbeinig, kahlköpfíg etc. Recht störende Verse sind daher:

Krug v. 1138:

    Der Flickschustér wird ihr schon einfallén.

Guiskard v. 26:

    Auf die Hülflosen kämpfend niederrauscht.

---

[1] Über die Namen der „Penthesilea" vgl. die Ausführungen Niejahrs in Seufferts Vierteljahrschrift VI, 517 ff.

v. 357:
> Ob er auch trinken woll'? antwortet er:

Penthesilea v. 1515:
> Prothoe: Wie, du Entsetzlicher!
> Achilles: Fürchtet sie dies?

Weit über das zulässige Mass hinaus findet sich Betonung von Flexions- und schwachtonigen Silben, sowohl im Innern als am Ende des Verses. Es genügen die Beispiele:

Amphitryon v. 664:
> Amph.: Was für Erzählungen?
> Sos.:   Wahrhaftige.

Penthesilea v. 1420:
> Die erste: Der Rasende!
> Meroe: Die Unglückselige!

v. 2686:
> Und flötete, und schmetterte, und flötete.

Den bei Shakespeare und Schiller am Ende von grösseren Reden, von Scenen oder Akten gern gebrauchten **gereimten Fünffüssler** hat Kleist gemieden. In der „Familie Ghonorez" v. 174 f. findet sich der Reim:

> Unglaublich dünkt's mich, was die Leute sagen,
> Es hab' der Oheim dieses Kind erschlagen.

Für den Druck verbesserte Kleist „sagen" in „reden".

Die vereinzelten gereimten Fünffüssler, die noch hie und da begegnen, sind als zufällig zu bezeichnen. Die Stellen, an denen sie stehen, geben gar keinen Anlass zu der Annahme, dass sie irgend einen Zweck haben könnten. Sie finden sich mitten in einer Rede.

Schroffensteiner v. 372 f.:
> Ich hab' nicht Lust, mich vor dir weiss zu brennen.
> Kannst du's verschmerzen, so mich zu verkennen . . . .

v. 791 f. ein identischer Reim:
>Es sei! Und irr' ich mich.
>Nicht eine Thräne kosten soll es mich.

Zerbrochner Krug v. 241 f.:
>Gevatter Küster soll mir seine borgen;
>In meine hätt' die Katze heute Morgen . . .

v. 1774 f.:
>Vorüber, bitte.
>Vorüber hier, ich bitte. Frau Brigitte.

Im Variant 446 f.:
>Schifft die Miliz nach Asien ein.
>So ist der Beutel ein Geschenk, ist dein.[1])

Penthesilea v. 1983 f.:
>Die Königin stand einen Augenblick,
>Und harrte still auf solcher Rede Glück:

v. 2192 f.:
>Und in mein Herz, wie Seide weiss und rein.
>Mit Flammenfarben jede brannt' ich ein.

v. 2718 f.:
>Sie winket immer fort —
>Winkt immer wieder —
>Winkt immer zu der Priest'rin Füssen nieder —

v. 2398 f. ein identischer Reim:
>Stellen will ich mich:
>Er soll im Angesicht der Götter mich, . . .

Anders verhält es sich mit den Reimpaaren im „Amphitryon". Diese sind von der französischen Vorlage beeinflusst. Ausserdem beschliessen alle diese Reime entweder eine Rede, oder eine Scene, oder einen Akt.

Dreimal schliesst eine Rede mit einem Reimpaar:
v. 990 f.:
>Und ehe noch der Abend sich verkündet,
>Bist du befreit von Allem, was dich bindet.

---

[1]) Siegen S. 72 ff. zählt für den „Krug" eine Unzahl von Assonanzen auf, von denen die meisten gar keine Assonanzen sind.

v. 1003 f.:

    Dann werd' ich auf des Räthsels Grund gelangen,
    Und Wehe! ruf' ich, wer mich hintergangen!

v. 1577 ff. zwei Reimpaare:

    Es drängt den Gott Begier, sich dir zu zeigen.
    Und ehe noch des Sternenheeres Reigen
    Herauf durch's stille Nachtgefilde zieht.
    Weiss deine Brust auch schon, wem sie erglüht —

Reime als Scenenschluss (II. 2):

  Sos.:   Herr, soll' ich etwa —
  Amph.:   Schweig, ich will nichts wissen.
        Du bleibst, und harrst auf diesem Platze mein.
  Charis: Befehlt ihr, Fürstin?
  Alkm.:   Schweig, ich will nichts wissen.
        Verfolg mich nicht, ich will ganz einsam sein.

Ebenso II, 5:

    Und du, du gehst, und rufst zu einem Feste
    Im Lager mir, wo du sie triffst, die Gäste.

Der erste Akt endlich schliesst:

    Wie ich es jetzt berene, dass die Welt
    Für eine ordentliche Frau mich hält!

Der zweite Akt:

    Halunke, gut, dass ich das weiss,
    So wird die Bratwurst heute dir nicht heiss.

Vita.

Natus sum Non. Jun. anni MDCCCLXXI Berolini. Fidem profiteor evangelicam. Primis litterarum elementis Berolini in schola privata, cui tum R. Schobert rector praeerat, imbutus gymnasium quod vocatur Regium Gallicum adii, quod per novem annos frequentavi. Vere anni h. s. XC testimonio maturitatis instructus universitatis Fridericae Guilelmae Berolinensis civis per decem semestria in studia cum ad artis historiam tum ad philologiam germanicam pertinentia incubui. Et collegiis et exercitationibus interfui virorum doctissimorum: Cloetta, Delbrück, Dilthey, Döring, Frey, Furtwängler, Geiger, Geldner, de Giżycki, Grimm, Herrmann, Heusler, Kirchhoff, Meyer, Roediger, E. Schmidt, de Treitschke, Waetzoldt, Weinhold, Zeller.

Quibus illustrissimis viris cum omnibus tum his, Carolo Frey, Erico Schmidt, Carolo Weinhold, qui studia mea benevolentia sua et favore perpetuo tutati sunt, gratum piumque animum servare numquam desinam.

Thesen.

I. Dem „Wiener Hundesegen" in seiner jetzigen Gestalt (M S D 4, 3) liegt ursprünglich ein Jägersegen zu grunde, der später mit einer Bitte um Schutz für ausziehendes Vieh contaminiert wurde.

II. „Moriz von Craon" ist als ein Stück des „Umbehanc" Bliggers von Steinach zu betrachten (vgl. RM Meyer ZfdA 39, 305 ff.)

III. Das System des Angelus Silesius ist ein pantheistisches und mit den Lehren des Christentums nicht in Einklang zu bringen.

IV. Clemens Brentanos „Geschichte vom braven Kasperl und der schönen Annerl" beruht weniger auf der Romanze „Der Fähndrich" als auf der Romanze „Weltlich Recht" (Des Knaben Wunderhorn 1846, III, 286 und II, 203).

V. Im Manuskript von Kleists „Penthesilea" 31ᵇ (Zolling v. 1021) ist „gutgekeilte" in „glutgekeilte" zu verbessern.

VI. Goethe hat mit „Künstlers Apotheose" Kleist zu seinem „Brief eines jungen Dichters an einen jungen Maler" angeregt.

VII. Kottwitzens Worte im „Prinzen von Homburg" II, 1: „Bin ich ein Pfeil, ein Vogel, ein Gedanke. Dass er mich durch das ganze Schlachtfeld sprengt?" sind nicht als Entlehnung aus Shakespeares „Heinrich IV. Teil II" IV, 3, sondern mit Lichtenstein als eine Reminiscenz an jene bekannte Scene des Volksschauspiels vom Doctor Faust zu fassen.

VIII. Heinrich von Kleist darf nicht als der Verfasser der drei in der „Gegenwart" 1886 Nr. 14 von Zolling mitgeteilten Gedichte angesehen werden.

IX. Zu der Figur des Cornelis Claesz Anslo des neu erworbenen Rembrandts im Berliner Museum bildet die Radierung des Mennonitenpredigers Anslo (Bartsch 271) die erste Vorstudie.

X. Niccola Pisano stammt nicht aus Toscana, sondern aus Apulien.